I0027634

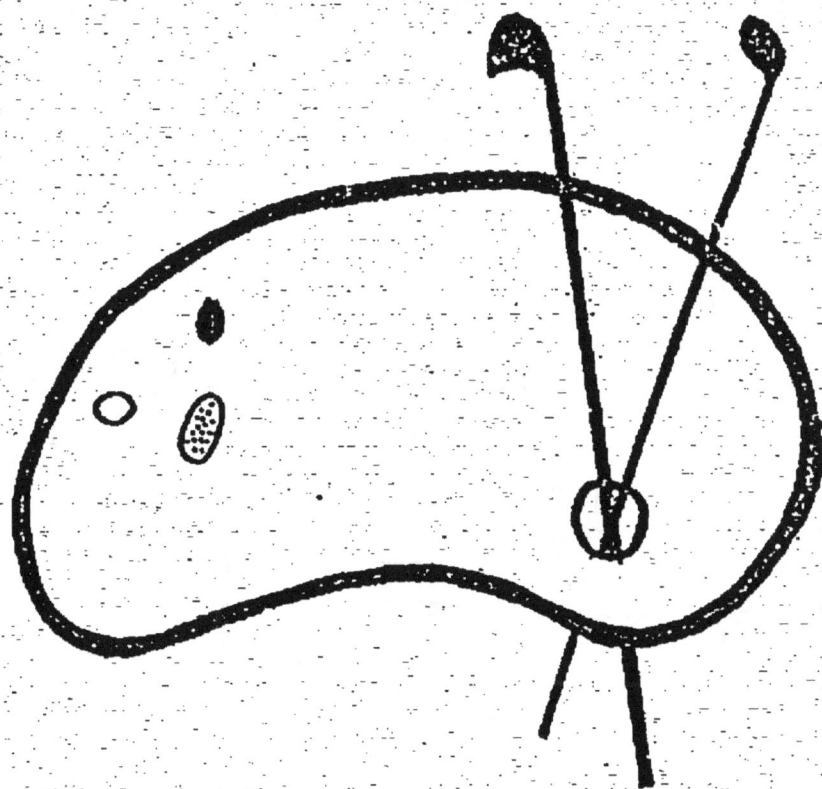

COUVERTURE SUPERIEURE ET INFERIEURE
EN COULEUR

LA
CROIX-ROUGE

SON PASSÉ ET SON AVENIR

PAR

GUSTAVE MOYNIER

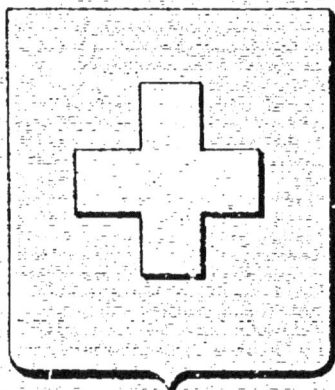

PARIS

SANDOZ & THUILLIER

4, rue de Tournon, 4

GENÈVE
LIBRAIRIE DESROGIS

NEUCHATEL
LIBRAIRIE J. SANDOZ

1882

VITAM IMPENDERE VERO

LA CROIX-ROUGE

LA
CROIX-ROUGE

SON PASSÉ ET SON AVENIR

PAR

GUSTAVE MOYNIER

PARIS

SANDOZ & THUILLIER

4, rue de Tournon

GENÈVE | NEUCHATEL
LIBRAIRIE DESROGIS | LIBRAIRIE J. SANDOZ

1882

ACQUISITION
92.71

LA CROIX-ROUGE

Il y a quelques années à peine, le titre que
nous donnons à cette étude eût été énigma-
tique pour la plupart de nos lecteurs. Aujourd'hui, personne n'ignore que la Croix-
Rouge est la providence du soldat blessé ; il
suffit de prononcer son nom pour évoquer
l'idée des plus nobles vertus : abnégation,
courage, charité, aux prises avec l'une des
plus fréquentes et des plus regrettables misères de l'humanité : la guerre.

L'adage qui dit : « Aux grands maux les
grands remèdes, » énonce une vérité banale.
Il va de soi que les préservatifs et les moyens
de guérison doivent être proportionnés à la
gravité des fléaux qu'ils sont destinés à conjurer ; mais il ne faudrait pas en conclure
que ces deux ordres de faits sont toujours
simultanés ou consécutifs. Les grands maux,

en effet, ont précédé de beaucoup les grands
remèdes dans l'ordre des temps. Aussi loin
que remontent les traditions de l'homme, on
le voit subir les dures épreuves des boule-
versements de la nature, des épidémies, des
famines, de l'esclavage, des guerres, et,
pendant des milliers d'années, il en a accepté avec résignation les désastreuses conséquences, comme si elles étaient inéluctables,
comme s'il n'était pas en son pouvoir de s'en
préserver ou de les atténuer. Rien peut-être
ne prouve mieux la supériorité de la société
moderne sur la société ancienne, que la lutte
engagée actuellement contre ce qu'on appelait,
presque jusqu'à notre temps, des fatalités. On
a compris enfin que ces géants malfaisants devaient avoir une place vulnérable, et les efforts
pour les vaincre n'ont pas été infructueux,
bien que la tâche soit loin d'être achevée.

Quel ne serait pas l'intérêt d'un livre consacré à l'ensemble de ce réveil, et dans lequel on montrerait nos contemporains, em-
pruntant à la science et à la civilisation des
forces que n'avaient pas leurs devanciers,
pour secouer leurs chaînes séculaires, ou
tout au moins pour les alléger!

Mais nous n'avons pas la prétention de
faire ici cette belle et séduisante synthèse.
Laissant à d'autres, mieux qualifiés, le soin
d'entreprendre le tableau général du mouvement dont nous parlons, nous nous bornerons
à en ébaucher une partie, que des circonstances exceptionnellement favorables nous permettent de traiter en connaissance de cause.
Il s'agit de la guerre. Encore ne l'envisage-
rons-nous pas sous tous ceux de ses aspects
auxquels les philanthropes se sont attachés.
Nous ne dirons rien, par exemple, des tentatives qui ont été faites pour maintenir à jamais
fermées les portes du temple de Janus, depuis les écrits de l'abbé de St-Pierre jusqu'aux
sociétés et aux congrès qui ont travaillé, dans
notre siècle, à l'avènement de la paix perpé-
tuelle. Nous passerons également sous silence
l'impulsion vigoureuse donnée à la science
du droit international par des jurisconsultes
éminents, qui considèrent avec raison la dé-
termination précise des rapports juridiques
entre les peuples, comme l'un des plus sûrs
moyens de diminuer le nombre des conflits,
et, conséquemment, celui des revendications
par les armes. Sans aborder le débat sur la

suppression plus ou moins complète de la guerre, nous nous arrêterons seulement à considérer une partie de ses effets immédiats, ceux qui touchent au sort des blessés. Ces malheureux n'en sont pas assurément les seules victimes qui aient éveillé la sollicitude des âmes compatissantes, mais ils forment, — avec les militaires malades, dont le sort est intimement lié au leur, — une catégorie nombreuse, bien digne de pitié, et seuls, jusqu'à présent, ils ont été mis au bénéfice d'une institution permanente, dans laquelle les progrès accomplis ont pris corps et s'offrent à l'observateur avec évidence.

N.-B. Nous devons au lecteur de le prévenir que la plupart des idées et des faits qui forment la substance du présent volume se trouvent déjà consignés dans nos précédents écrits. Ayant eu constamment la plume à la main pour le service de la Croix-Rouge, dès ses premiers commencements, il nous eût été difficile de découvrir de nouveaux aspects à une matière que nous avions traitée abondamment, et qui, en somme, n'est pas inépuisable.

CHAPITRE PREMIER

L'ORIGINE DE LA CROIX-ROUGE

Il est facile de rattacher l'origine de la Croix-Rouge à une date précise. Ce fut la guerre d'Italie qui la première, en 1859, y fit songer.

Assurément le recours à la charité privée, pour donner des soins aux militaires blessés, n'était pas sans précédents à cette époque. Des recherches historiques, provoquées par l'apparition de la Croix-Rouge, ont montré qu'auparavant la bienfaisance des particuliers avait souvent concouru à cette œuvre de soulagement, et l'on ne serait pas embarrassé pour citer à cet égard, dans le passé, des traits d'héroïsme véritable. Sans remonter aux ordres hospitaliers suscités par les Croisades, on a pu rappeler les services rendus par des sociétés qui, à l'occasion de telle ou telle

1.

guerre, s'étaient fondées pour en assister les victimes. Mais de ces élans philanthropiques il n'était pas resté de traces bien profondes, et les expériences faites à diverses reprises avaient été perdues pour les générations subséquentes ; les ressources, d'ailleurs, s'étaient toujours trouvées hors de proportion avec l'étendue des besoins.

La création d'un service médical attaché régulièrement aux armées fut, il y a environ trois cents ans, une innovation des plus heureuses, et l'on dut le croire capable de suffire à tout. Aussi eut-on en lui pendant longtemps une confiance absolue. Mais on paya cher cette illusion. Les révélations de la guerre de Crimée (1853-1856) furent terrifiantes ; la mission réparatrice de Miss Nightingale et de ses compagnes y mit en lumière les plus graves déficits. On comprit dès lors la nécessité d'améliorer l'organisation de tout ce qui tenait à la santé des troupes. Néanmoins, quand vint la guerre de Lombardie (1859), la même insuffisance des secours se manifesta, et des cris de détresse retentirent de nouveau.

Ces récriminations bruyantes devaient être le signal d'une réforme. Après que la paix

eut été rétablie, l'un de ceux qui les avaient
entendues et qui pouvait dire, pour l'avoir vu
de ses yeux, à quel point elles étaient fondées,
entreprit de s'en faire l'interprète. Il n'eut pas
besoin d'exagérer l'horreur des scènes poi-
gnantes auxquelles il avait assisté, et dont le
souvenir hantait son esprit comme un cauche-
mar, pour en donner une description profondément émouvante. La bataille colossale du
24 juin 1859, qui dura plus de quinze heures
et dans laquelle plus de trois cent mille
combattants furent engagés, sur une ligne de
cinq lieues d'étendue, dut être fertile en
épisodes tragiques et navrants. M. Henri
Dunant, auquel on doit *Un Souvenir de
Solférino*, n'a pu en retracer qu'une faible
partie, mais il en a dit assez pour atteindre
son but, c'est-à-dire pour attirer efficacement
l'attention publique sur les défectuosités du
service sanitaire et sur le remède à y apporter.

Si l'on croit, comme lui, que l'organisation
officielle sera toujours insuffisante et que la
charité privée doit intervenir pour la compléter, on se rangera sans peine à son avis,
et l'on trouvera qu'il avait raison de demander
que le concours d'auxiliaires bénévoles fût

régularisé et préparé. La régularisation résulterait, suivant M. Dunant, de la substitution
de sociétés fortement constituées, aux efforts
individuels et sans cohésion des particuliers
qui se trouvent fortuitement à proximité du
théâtre de la guerre; la préparation exigerait
en outre la formation anticipée de ces sociétés
pendant les périodes de paix.

Les lecteurs du *Souvenir de Solférino* firent
certainement des vœux pour la réalisation
de ce plan, exposé à partager le sort de tant
d'autres qui, après avoir été applaudis, sont
tombés dans l'oubli sans avoir porté aucun
fruit. L'auteur pouvait d'autant plus s'attendre
à un échec, qu'au premier abord il passa
généralement pour utopiste; il n'en fallait
pas davantage pour jeter sur le projet un
discrédit funeste, et le faire abandonner par
ses partisans timorés. Mais ces prévisions
pessimistes furent promptement démenties.

La bonne semence, jetée aux quatre vents
de la publicité, tomba dans la ville de Genève
sur un terrain propice, où elle germa et
fructifia rapidement. Trois mois à peine s'é-
taient écoulés depuis la publication du *Sou-*

venir de Solférino, que les conclusions de ce livre étaient mises en délibération au sein de la «Société genevoise d'Utilité publique.» La discussion, pour tout dire, ne paraissait pas devoir y être féconde. Comment présumer qu'une association modestement vouée à l'examen d'intérêts locaux, siégeant dans un petit pays et ne disposant pas de moyens d'action en dehors de sa sphère, s'aviserait de se lancer dans les aventures de l'entreprise gigantesque au sujet de laquelle on la consultait ? Ce fut pourtant ce qui advint. On put se convaincre une fois de plus, par cet exemple, que les choses qui réussissent le mieux ne sont pas toujours celles qui débutent avec le plus d'éclat. Le *9 février 1863,* date de la séance où l'on s'occupa de cet objet, marque le véritable point de départ de la Croix-Rouge.

On n'y vota cependant que le renvoi du sujet à une commission, mais celle-ci fut munie de pouvoirs étendus, et reçut toute liberté pour agir au nom de la Société, si elle entrevoyait le moyen de donner une issue pratique aux idées de M. Dunant. Les commissaires, au nombre de cinq, furent : M. le général Dufour, commandant en chef de

l'armée suisse ; M. le Dr Louis Appia, qui
avait fait comme chirurgien auxiliaire la campagne d'Italie et publié un livre fort estimé
(Le Chirurgien à l'ambulance); M. le Dr Théod.
Maunoir, praticien de grand talent; M. Henri
Dunant, et le Président de la Société, auteur
de ces pages.

Malheureusement, on ne connaissait pas
alors, en Europe, les prodiges qu'accomplissait
en Amérique la « Commission sanitaire » des
Etats-Unis, pendant la guerre de sécession.
Aussi fallut-il aux personnes que nous venons
de nommer du temps et un travail assidu,
pour se former une opinion raisonnée sur la
matière soumise à leur jugement. Autant il
avait été simple et facile d'indiquer le but à
atteindre, autant il était compliqué de régler
les détails d'exécution, de façon à ne pas trop
prêter le flanc à la critique. On pressentait
que les chefs militaires qui, malgré la discipline, ont déjà tant de peine à faire marcher
et manœuvrer leurs armées, ne verraient pas
de bon œil l'introduction au milieu d'elles
d'un élément civil, échappant plus ou moins
à leur suprématie. Il devait répugner d'autre
part aux médecins militaires et aux inten-

dants de faire l'aveu de leur impuissance, bien qu'elle ne leur fût pas imputable. En outre, l'œuvre projetée devait avoir assez d'élasticité pour s'adapter à toutes les nations civilisées, malgré la diversité de leurs régimes politiques et de leurs habitudes sociales. Ces difficultés toutefois ne constituaient pas des barrières insurmontables, et bientôt on réussit à esquisser les premiers linéaments d'une organisation, pour les sociétés que l'on désirait voir surgir de toute part.

Parvenue à cette première étape, la Commission voyait encore se dresser devant elle la partie la plus décisive de son programme: faire partager ses vues à des hommes qualifiés pour en devenir à leur tour les apôtres et les appliquer sous toutes les latitudes. N'était-il pas déraisonnable à un groupe de cinq personnes, pour la plupart sans grande notoriété à l'étranger et agissant inofficiellement, de penser à se faire écouter des puissants de la terre, seuls capables d'assurer le triomphe de sa cause? N'y avait-il pas un peu de présomption à viser si haut et si loin? Il est probable que les premières démarches de la Commission inspirèrent ce jugement à bien

des esprits, mais elle-même ne se laissa pas
arrêter pour si peu ; elle ne vit que l'immense
service qu'elle voulait rendre à l'humanité, et
se montra résolue à soutenir son avis en dépit
de tous les sarcasmes. Il lui semblait entendre
les innombrables martyrs de Solférino la sup-
plier de tout faire pour épargner à d'autres les
cruelles tortures dont ils avaient souffert, et
cette évocation était bien propre à stimuler
son zèle.

Le moyen auquel s'arrêtèrent les commissaires genevois fut la convocation d'une conférence internationale. Les réunions de cette
espèce n'étaient pas, dans ce temps-là, aussi
fréquentes qu'elles le sont devenues plus tard ;
mais, vu leur utilité comme procédé de travail et grâce à la facilité croissante des communications, elles commençaient à être en
faveur. Puis l'insuffisance du service de santé
militaire, proclamée par les promoteurs de
l'œuvre comme un fait avéré, sur lequel se
basait tout leur raisonnement, n'était pas,
tant s'en faut, admise partout sans conteste ;
par conséquent, un débat contradictoire, entre
personnes appartenant à diverses nationalités,
pouvait jeter un grand jour sur la valeur de

cette thèse. Mais le sujet était bien spécial, et l'on se demandait, avec une certaine perplexité, si les hommes les plus aptes à l'élucider consentiraient volontiers à se déplacer pour en conférer ensemble. On pouvait redouter, d'un autre côté, que si l'appel était adressé indistinctement à tout le monde, il n'attirât en majorité des rêveurs humanitaires, dont l'opinion aurait été dépourvue d'autorité. Ce double écueil fut évité. La tribune ouverte aux gens de bonne volonté, quoiqu'elle le fût largement, n'eut pas assez de prestige pour tenter les dilettanti de la philanthropie. Ces derniers comprirent, au style sobre de la convocation, à l'absence dans ce document de toute phrase à effet, que des déclamations pathétiques ou des aspirations vagues ne seraient pas de saison, et ils s'abstinrent. La même cause, selon toute apparence, influença en sens contraire les individualités réellement compétentes, qui devinèrent qu'il s'agissait de quelque chose de sérieux, et qui témoignèrent en grand nombre leur approbation. Le Comité de Genève n'avait pas craint de convier les gouvernements eux-mêmes à sa conférence, et il éprouva

un indicible contentement en apprenant que
beaucoup d'entre eux se rendraient à cette
invitation. C'était là, en effet, un présage des
plus heureux, car il dénotait chez les souverains le sentiment de leur responsabilité vis-
à-vis des défenseurs de la patrie, et la per-
suasion qu'il était opportun de faire quelque
chose pour contrebalancer l'augmentation in-
cessante des armements.

Une conférence générale s'assembla donc
à Genève le 26 octobre 1863. Elle n'était pas
nombreuse, ainsi qu'on avait pu s'y attendre,
mais son verdict devait être d'un grand poids
en raison de la qualité de ses membres. Des
36 assistants, 18 étaient des délégués officiels,
représentant 14 gouvernements. Autour de
ce noyau principal et du Comité d'initiative,
gravitaient 6 mandataires de diverses associations, notamment de l'Ordre de St-Jean-de-
Jérusalem, et 7 étrangers non accrédités. Ce
personnel d'élite était pénétré de l'importance
des discussions auxquelles il allait se livrer.
Il savait d'ailleurs qu'au dehors on prêterait
une grande attention à ses travaux, car les
organisateurs de la Conférence lui avaient

communiqué un volumineux dossier de lettres, attestant la sympathie et la sollicitude
de personnages considérables de tous pays.
On peut dire que, de l'Europe entière, des
regards interrogateurs étaient alors tournés
vers la petite assemblée de Genève. Pour ne
parler que des gouvernements, la majorité
d'entre eux — c'est-à-dire l'Autriche, l'Espagne, la France, la Grande-Bretagne, les Pays-
Bas, la Prusse avec six autres Etats de l'Allemagne, la Suède et la Suisse — y participaient
directement, et des adresses très encoura-
geantes étaient venues de la Belgique, du
Danemark, de l'Italie, du Portugal et de quelques principautés allemandes. La préoccupa-
tion, comme on le voit, était universelle, et
l'urgence d'une réforme admise en tous lieux.

Les décisions de la Conférence méritent
que nous nous y arrêtions quelque peu pour
en exposer l'économie, car elles constituent,
aujourd'hui encore, la base commune de
toutes les associations de la Croix-Rouge.
Jamais on n'a senti le besoin de les modifier,
ce qui est un indice frappant de la sagacité
de leurs rédacteurs. Toutes les expériences
faites, depuis 1863, par les nombreuses so-

ciétés qui ont appliqué ces dix articles fondamentaux, ont montré qu'ils se prêtaient
aux exigences les plus diverses. La Conférence avait parfaitement compris que, pour
faire une œuvre durable, elle ne devait rien
exiger qui fût incompatible avec les mœurs
ou les institutions d'un peuple civilisé quelconque; elle n'avait qu'à poser des principes
dirigeants, en laissant chacun libre de régler
les détails de son activité d'après son génie
particulier. Elle est donc restée dans les gé-
néralités.

Ses membres n'étaient pas tous également
partisans des mesures proposées. Il se trouva
parmi eux des opposants, qui défendirent
leur terrain avec talent et qu'il fallut réfuter.
On évita ainsi l'écueil de déterminations prises
à la légère, sous l'empire d'un sentimentalisme
irréfléchi, et les décisions auxquelles on s'ar-
rêta durent inspirer confiance.

La Conférence avait à résoudre un véritable
problème. Il s'agissait d'établir, sur le terrain
de la charité, un lien entre l'élément civil et
l'élément militaire, qui, pour être contraires,
ne sont point incompatibles, et qu'on voulait
essayer de faire vivre fraternellement côte à

côte. Ce qui compliquait la question, c'est
que la partie n'était pas égale, toutes les
concessions étant réclamées des soldats, qui,
naturellement, ne voyaient pas sans déplaisir
qu'on cherchât à les dépouiller de certaines
prérogatives, — on tient toujours à celles
dont on jouit, — et qui entrevoyaient d'un
œil jaloux l'avènement d'auxiliaires dont ils
redoutaient d'instinct les empiétements. Le
concours de ces auxiliaires se présentait cependant comme devant être si désintéressé
et leurs mobiles comme si nobles, qu'il fallut
bien leur faire place. En dernière analyse,
ce fut à l'unanimité, disons-le à sa louange,
que la Conférence prit des *Résolutions,* dans
lesquelles elle décrivit à grands traits l'organisation future des sociétés de secours, leurs
travaux et leurs rapports mutuels. En voici
un aperçu.

Chaque pays aura sa société propre, qui sera
autonome. Elle aura la faculté de se constituer comme bon lui semblera, sauf en un seul
point, celui de l'unité de direction, jugée nécessaire pour donner à l'assistance libre toute
son efficacité. La Conférence stipula expres-

sément que, pour chaque société, un *Comité central* aurait la haute main sur toutes les branches du service, dans toute l'étendue du territoire. Même si l'on multiplie les foyers d'activité, le principe capital de la centralisation ne devra pas avoir à en souffrir; il faudra que les sections provinciales ou locales soient reliées hiérarchiquement au Conseil supérieur.

La Conférence a insisté ensuite sur une condition primordiale de succès, plus essentielle encore que celle dont nous venons de parler. C'est que les sociétés de secours nouent des relations étroites avec leurs gouvernements respectifs, et s'assurent, dès leur naissance, que leurs offres de services seront agréées le cas échéant. Cette recommandation paraît oiseuse, puisqu'une société, destinée à concourir au service de santé d'une armée, n'a sa raison d'être qu'autant qu'elle est certaine de pouvoir s'approcher de cette armée dans les moments critiques, et qu'à moins d'une entente préalable avec les représentants de l'autorité, l'accès lui en serait vraisemblablement interdit. On a tenu néanmoins à dire cela, pour bien montrer que l'on n'entendait

pas créer des embarras à l'administration
militaire, par une intervention brusque ou in-
discrète. Quant au détail des arrangements à
prendre entre gouvernements et sociétés, la
Conférence se récusa, comprenant qu'elle sor-
tirait de sa sphère en s'en mêlant, et que de
plus il lui serait impossible de recommander
un système acceptable par tous les intéressés.
Elle a seulement, par un vœu formel, sollicité pour les sociétés la bienveillance et la
haute protection des gouvernements.

Si nous passons aux travaux des sociétés,
nous verrons qu'un programme sommaire leur
a été tracé pour les périodes de paix, et un
autre pour celles de guerre.

Ici apparaît une idée qui, appliquée au
nouvel ordre de choses, allait le différencier
avantageusement de l'ancien. Cette idée, c'est
que le service sanitaire d'une armée en campagne, qu'il soit inofficiel ou officiel, ne s'im-
provise pas, et que, par conséquent, ceux qui
proprio motu en assument la responsabilité,
doivent, aussi bien que le personnel à la
solde de l'Etat, se tenir prêts à tout évènement. Jusqu'alors la charité s'était toujours
laissé prendre au dépourvu. En lui prescri-

vant de se montrer prévoyante, on l'engageait donc dans une voie inexplorée, où il faut forcément qu'elle marche pour être à la hauteur de sa tâche. On ne lui impose d'ailleurs rien d'autre, en temps de paix, que de s'occuper des moyens de se rendre utile en temps de guerre, et certes cette exigence se justifie d'elle-même.

Si la guerre éclate, les sociétés des belligérants accompagnent leurs armées respectives et se tiennent à leur disposition. En leur qualité d'associations nationales il est tout naturel qu'elles agissent ainsi, et c'est à tort qu'on les a parfois représentées comme ne devant pas avoir d'attache plus forte d'un côté que de l'autre. Elles entourent, sans aucun doute, d'une vive sollicitude les ennemis blessés qui se trouvent sur leur chemin, mais leur sphère d'action est la même que celle du service de santé de leur propre armée.

Quant à la manière de seconder ce service, sans rien exclure de ce que leur zèle pourrait leur suggérer, on leur a recommandé deux choses en particulier : « d'organiser et de mettre en activité des infirmiers volontaires, puis de faire disposer, d'accord avec l'autorité militaire, des locaux pour soigner les blessés. »

La venue de médecins et d'infirmiers civils, pour travailler pêle-mêle avec les médecins et les infirmiers militaires, parut pleine de périls à certains membres de la Conférence, qui s'y opposèrent dès l'abord, et ne se montrèrent disposés à l'admettre que si on la restreignait dans d'étroites limites. C'était avant tout sur les champs de bataille qu'ils redoutaient de voir arriver ces intrus ; mais ils eurent beau faire ressortir ce qu'il y aurait d'anormal à les y tolérer, la gêne qui en résulterait pour les divers services de l'armée et même leur inutilité au milieu de la bagarre, les dangers qu'ils courraient, la possibilité de les remplacer par un supplément de mulets, tous ces arguments tombèrent devant la considération que c'était immédiatement après les grands combats que l'insuffisance des secours officiels avait été le plus déplorée. L'opinion publique exigeait qu'on y remédiât, et la Conférence sentait bien qu'elle échouerait moralement, si elle ne parvenait pas à conduire les secoureurs supplémentaires auprès de ceux pour lesquels leur intervention

était le plus instamment réclamée. L'objection
tirée de la difficulté de trouver des hommes
assez intrépides pour aller, de leur plein gré,
soigner les blessés sous le feu de l'ennemi,
ne tint pas longtemps non plus, devant l'affirmation très nette que l'on trouverait plus
d'auxiliaires prêts à braver, par amour de leur
prochain, les balles et les obus, qu'à servir
dans les hôpitaux de réserve où l'on aurait
voulu les confiner. Les opposants finirent par
se rendre, et levèrent la main avec tous leurs
collègues en faveur de la rédaction suivante:
« Sur l'appel ou avec l'agrément de l'autorité
militaire, les comités envoient des infirmiers
volontaires sur le champ de bataille; ils les mettent alors sous la direction des chefs militaires. »
Il fut bien convenu, en outre, que les comités
pourvoiraient à l'entretien de leurs agents, et
n'en laisseraient pas le souci à l'intendance.

Une disposition complémentaire, destinée
à rendre reconnaissables les agents des sociétés, leur imposa, non pas un costume spécial,
mais seulement le port d'un insigne, — le
même pour tous les pays, afin que sa signification ne fût ignorée nulle part, — un brassard blanc à croix rouge.

La dernière partie des *Résolutions* est peut-
être la plus remarquable, car elle a innové
bien autrement que les précédentes, en
déclarant que les sociétés nationales s'ai-
deraient mutuellement. Jusqu'à ce moment,
on avait pris au pied de la lettre la règle de
droit qui interdit aux neutres toute immixtion
dans les agissements guerriers des belligérants ; chacun n'avait veillé qu'à ses propres
besoins. Et voici que désormais la sympathie
des uns pour les autres pourra s'épancher
librement, sans entraîner de conséquences
fâcheuses, tant qu'elle n'aura pour objet que
le salut des blessés ! Sur ce point il eût fallu,
pour rester dans la légalité, s'en remettre aux
gouvernements, et il est d'autant plus étrange
qu'on ne l'ait pas fait, que, pour d'autres
atteintes à des principes juridiques, on n'hésita
pas, comme nous le verrons, à laisser les
souverains prononcer en dernier ressort. Cette
singularité ne fut pourtant relevée par personne; on n'y songea pas un instant, tellement
était irrésistible l'entraînement qui poussait
alors tous les cœurs dans cette direction.
La conscience universelle imposa donc, par
l'organe de la Conférence, une tolérance qui

bouleversait les idées reçues, et qui néanmoins entra dans les mœurs internationales,
sans effort ni protestation.

Il est vrai que la faculté nouvelle conférée
aux neutres de ne pas rester inactifs, a pour
contre-partie celle reconnue à tout belligérant
de les appeler auprès de lui. Leur assistance
ne saurait donc être considérée sans injustice
comme entachée de partialité.

Observons encore qu'il n'a pas été dit que
les neutres dussent imposer leurs services,
mais seulement prêter leur appui à ceux qui
le solliciteraient. D'où il suit qu'ils outrepas-
seraient les intentions de la Conférence, en
allant où l'on préférerait se passer d'eux.

Mais ces sociétés ou ces comités, qui demain
peut-être seront mis en demeure de combiner
leur action, n'est-il pas désirable qu'ils se
connaissent, et sachent dans quelle mesure
chacun d'eux est prêt à fonctionner? C'est
cette pensée qui a conduit la Conférence à
leur recommander l'échange de rapports sur
leurs travaux, ajoutant, pour le faciliter, que,
jusqu'à ce que les comités eussent noué entre
eux des relations directes, le Comité de Genève
leur prêterait provisoirement ses bons offices.

Cette dernière disposition fut complétée par un mot sur des congrès internationaux, dans lesquels les comités des divers pays seraient sans doute heureux de se rencontrer, « pour se communiquer leurs expériences et se concerter sur les mesures à prendre dans l'intérêt de l'Œuvre. »

Nous rechercherons quel a été le sort ultérieur du programme que nous venons de reproduire et d'expliquer ; mais, auparavant, nous avons à parler de *Vœux* émis par l'assemblée de Genève, à la suite de ses *Résolutions* qui forment avec eux un tout harmonique. Ce dédoublement des désirs de la Conférence provient de ce que l'accomplissement des uns dépendait avant tout de ceux qui les formulaient, lesquels pouvaient prendre à leur égard de vraies résolutions, tandis que les autres devaient revêtir la forme de vœux adressés aux gouvernements, parce que ces derniers seuls avaient qualité pour les exaucer.

Lorsqu'on se préoccupa de l'insuffisance du service sanitaire en campagne, on s'aperçut bien vite que la création de sociétés de secours n'était ni le premier, ni le seul remède à y apporter. Le bon sens voulait qu'avant de demander des sacrifices aux populations, on cherchât à préserver, de la destruction ou de la capture par l'ennemi, les moyens de secours préparés par l'Etat. Il n'était pas sans exemple que des blessés eussent été plongés dans le dénûment et l'abandon, parce que leurs médecins étaient tombés au pouvoir d'un adversaire qui les retenait en captivité; le matériel des ambulances était souvent devenu, comme butin, la proie du vainqueur; l'occupant ne respectait pas toujours les hôpitaux, et en disposait selon sa convenance ou son caprice, sans trop s'inquiéter des privations douloureuses que ce manque d'égards entraînait, pour ceux auxquels ces bâtiments servaient d'asile.

Le droit des gens autorisait tout cela; c'était donc à lui qu'il fallait s'en prendre de pratiques aussi contraires au but de la Conférence. Mais ce droit ne se fondait sur aucune loi écrite; il ne reposait que sur des coutumes insaisissables, universellement admises, peu accessibles à d'autres influences qu'à celle de l'adoucissement graduel des mœurs. Qui, dès lors, aurait pu songer sé-

rieusement à réclamer leur brusque transformation? Y prétendre, c'eût été compter sur
une sorte de miracle, puisque, pour y parvenir,
il n'eût fallu rien moins qu'une manifestation
éclatante de l'opinion publique, coïncidant avec
une déclaration conforme de la part des gouvernements. Quelque improbable que parût
cet accord, la Conférence n'hésita pas à le re-
présenter comme urgent. Elle donna le branle
aux esprits, et mit les souverains en demeure
de marcher, de leur côté, vers le même but.

Elle y attacha d'autant plus d'importance,
qu'elle vit une condition *sine quâ non* de
succès pour les sociétés de secours, dans
l'abolition des vieux usages et dans l'octroi à
tout service sanitaire d'une protection juri-
dique. Elle avait raison de craindre que si
tout ce que fournirait la charité privée, hommes et choses, était sans cesse exposé à être
accaparé par l'ennemi et détourné de sa destination, la philanthropie la plus zélée se las-
sât d'apporter son tribut à ce nouveau ton-
neau des Danaïdes.

En considérant de plus près la situation
des blessés, la Conférence reconnut encore
que les douleurs provenant de la pénurie des

moyens de secours n'étaient pas les seules
qu'on pût leur épargner. Ce serait leur rendre
un immense service, se dit-elle, que de les
garantir contre les cruautés et les mauvais
traitements auxquels ils sont souvent en
butte, sans nécessité, de la part de l'ennemi,
et dont l'appréhension seule leur cause des
angoisses ou des paniques mortelles. Pourquoi
ne s'abstiendrait-on pas de violences à leur
égard? Pourquoi les individus mis hors de
combat sur un champ de bataille, ou recueillis dans une ambulance, ne seraient-ils
pas placés sous la sauvegarde d'une règle
prohibitive, qui ne compromettrait en aucune
façon les intérêts des belligérants?

Ces diverses idées trouvèrent place dans
une déclaration de la Conférence, qui exprima
le vœu : « Que la neutralisation fût proclamée, en temps de guerre, par les nations
belligérantes, pour les ambulances et les hôpitaux, et qu'elle fût également admise, de la
manière la plus complète, pour le personnel
sanitaire officiel, pour les infirmiers volontaires, pour les habitants du pays qui iraient
secourir les blessés, et pour les blessés eux-
mêmes. » C'était aller bien loin, et l'on faisait

preuve d'une grande hardiesse en réclamant des immunités aussi étendues ; mais les
gouvernements sauraient assez, s'ils trouvaient cette requête exagérée, n'y faire droit
que partiellement. Il n'y avait pas grand mal
à leur proposer un idéal digne de l'âge d'or,
du moment qu'ils demeuraient maîtres d'en
rabattre ce qui leur semblerait dépasser la
limite des concessions possibles.

Disons enfin que, de même qu'elle avait
réclamé un brassard blanc à croix rouge pour
les agents de toutes les sociétés de secours,
la Conférence, en prévision d'une entente
diplomatique pour neutraliser le personnel
sanitaire, compléta l'énoncé de ses desiderata
en demandant : « Qu'un signe distinctif identique fût admis pour les corps sanitaires de
toutes les armées, ou tout au moins pour les
personnes d'une même armée attachées à ce
service. Qu'un drapeau identique fût aussi
adopté, dans tous les pays, pour les ambulances et les hôpitaux. »

Telle fut la genèse de ce qui, plus tard seulement, s'est appelé : *La Croix-Rouge.*

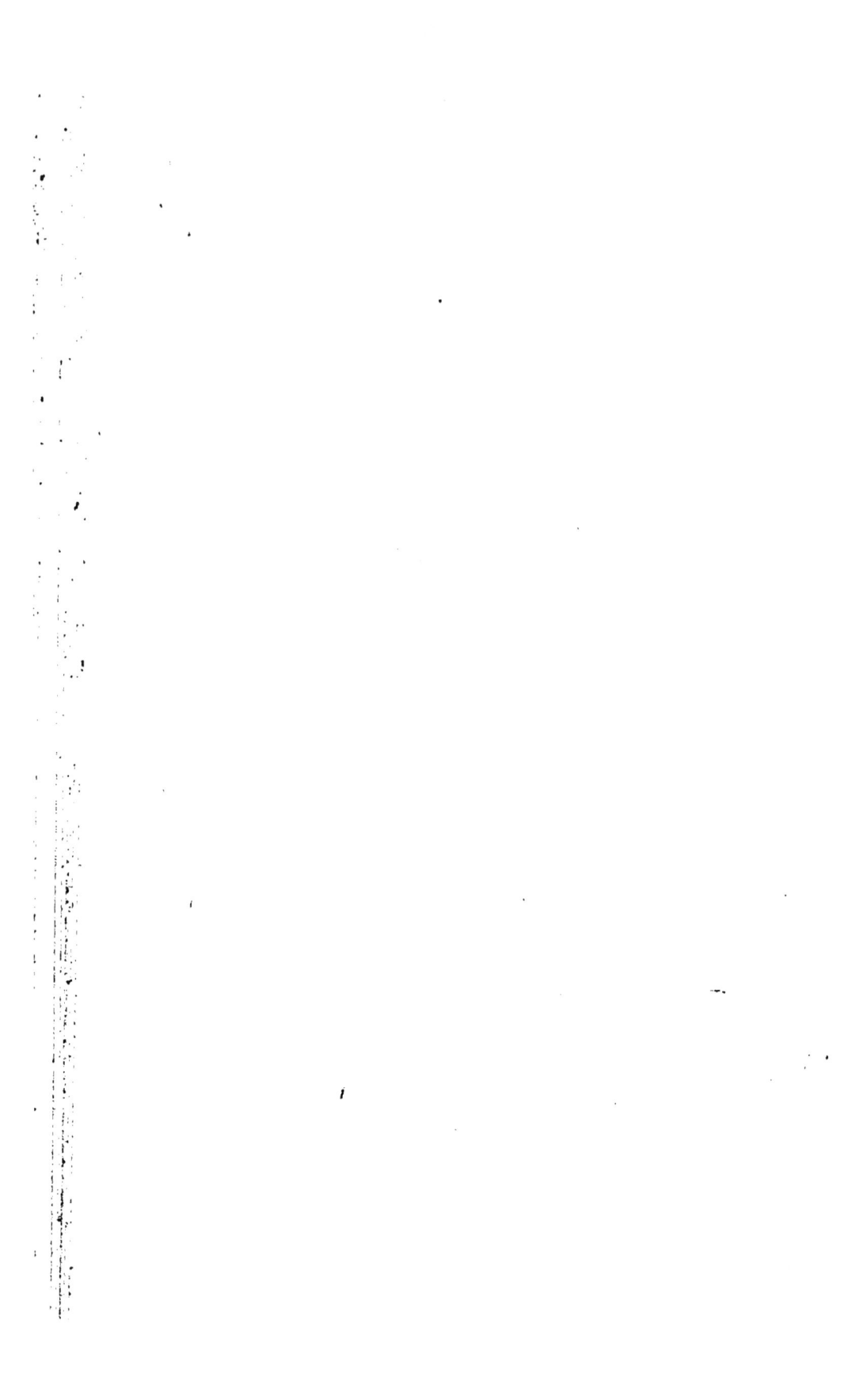

CHAPITRE II

LES ORGANES DE LA CROIX-ROUGE

Franchissons maintenant le laps de près de vingt ans qui s'est écoulé depuis que les décisions de 1863 ont été prises, et cherchons à nous rendre compte de ce qu'elles ont produit.

A. LES SOCIÉTÉS DE SECOURS

Ce qui frappe, à première vue, c'est la présence autour de nous d'un réseau de sociétés secourables de nouvelle formation. La Conférence de Genève, anticipant sur les évènements, avait dit : « *Il existe* un comité dans chaque pays ; » mais ce n'était alors qu'un souhait, lequel devint très promptement une réalité. En faisant vibrer une corde sensible, on avait comme semé une traînée de poudre,

qui prit feu sur un grand nombre de points
à la fois.

Au mois de décembre 1863, c'est-à-dire
quelques semaines seulement après que le
mot d'ordre eut été donné, il se forma une
première société dans le Wurtemberg, par les
soins du Dr Hahn, qui était, écrivait-il lui-
même à son retour de la Conférence, «en-
thousiasmé et comme transporté par la pensée
de l'œuvre de charité sur laquelle on venait
de délibérer. » L'année 1864 en vit surgir une
dizaine; l'année 1865 trois; l'année 1866 six;
et ainsi de suite, si bien qu'aujourd'hui il en
existe vingt-huit, qui embrassent l'Europe
entière et entament l'Amérique sur deux
points, au Pérou et à Buenos-Ayres. Trois des
sociétés de l'ancien continent ont en outre
des ramifications extra-européennes : la Société russe possède une chaîne presque inin-
terrompue de sections, qui pénètrent dans le
Caucase, le Turkestan et la Sibérie, jusqu'au
Kamtschatka : la Société néerlandaise, de son
côté, a des annexes aux Indes : Java, Sumatra,
Célèbes, Bornéo, les Moluques, sont pourvues
de comités; la Société française, enfin, a pris
pied en Algérie et même à Tunis, en 1881.

Dès son apparition, la Croix-Rouge eut des apôtres fervents, dont plusieurs appartenaient à des familles princières ; en tête de ces derniers il faut citer S. M. la reine Augusta de Prusse, et sa fille S. A. R. la grande-duchesse Louise de Bade. Il se trouva aussi, parmi ces amis de la première heure, des officiers et des médecins auxquels nous avons à cœur de rendre hommage. Nommons, entre autres, le Dr Löffler à Berlin, le Dr Basting à La Haye, le Dr Landa à Pampelune, le Dr Steiner à Carlsruhe, le major Brodrück à Darmstadt, tous membres de la Conférence de Genève, puis le Dr André Uytterhœven à Bruxelles, et le Dr César Castiglioni à Milan. Dans les pays où personne ne prit spontanément la direction du mouvement, en France par exemple, ce fut le Comité de Genève, reconstitué sous le nom de *Comité international,* qui travailla à répandre les idées nouvelles.

Prenons acte que chacune des guerres qui ont sévi depuis 1863 a donné un nouvel élan à leur extension, et conduit, soit les belligérants retardataires, soit leurs voisins plus ou moins menacés, à se rallier à la Croix-Rouge. Ainsi celle du Schlesswig, en 1864, amena la formation de sociétés en Danemark et en Autriche, — celle d'Allemagne, en 1866, gagna Bade et la Saxe royale, — la guerre franco-allemande de 1870 entraîna le Luxembourg, — la guerre turco-serbe de 1876 la Serbie, la Roumanie et le Monténégro, — la guerre d'Orient de 1877 la Grèce, — enfin celle de l'Amérique du Sud en 1879 le Pérou. Ces faits nous paraissent instructifs.

Un des points les plus intéressants de l'organisation de la Croix-Rouge, est la participation de l'élément féminin à cette œuvre. La coopération des deux sexes est indispensable pour son complet épanouissement, et personne n'accusera les femmes de sortir de leur rôle naturel en s'y vouant. Il y a là, pour elles, comme une vocation à laquelle on pourrait les dire prédestinées, en vertu d'aptitudes précieuses qu'elles possèdent. Ne sont-elles pas supérieures aux hommes, auprès du lit des malades et des moribonds, par plus de douceur, plus de courage moral et plus de résistance à la fatigue des veilles? La propreté ne leur est-elle pas plus habituelle, et ne sont-

elles pas plus habiles à tenir aux malheureux
un langage consolateur ? Ne sait-on pas que
leur seule présence dans une salle d'hôpital
est un frein puissant à la grossièreté des manières et des paroles ? Il y a d'ailleurs, dans
la préparation des moyens de secours, des
travaux qui sont du ressort particulier de la
femme, et pour lesquels on ne saurait se
passer d'elle.

Les femmes eurent donc accès dans plusieurs des sociétés les plus anciennes, mais
elles n'y entrèrent pas en grand nombre, les
comités directeurs étant exclusivement mascu-
lins. Puis on comprit qu'il serait préférable
de faire un partage d'attributions, et de
grouper séparément les adhérents de l'un et
de l'autre sexe, tout en les maintenant sous
une même direction supérieure. Ce fut ce qui
eut lieu avec succès dans un grand nombre
de pays. Aujourd'hui les sociétés d'hommes
ont presque partout pour auxiliaires des sociétés de dames ; celles-ci ont même, en Italie,
en Autriche et en Allemagne, des représentants au sein des comités centraux. « L'Union
patriotique des Dames allemandes », présidée
par S. M. l'impératrice, est la plus fortement

constituée de toutes ces associations. Dans le
duché de Bade, à l'inverse de ce qui s'est
passé ailleurs, les dames ont mis les premières la main à l'œuvre, et ce n'est que
plus tard que l'autre moitié du genre humain
s'est jointe à elles.

Il n'est pas toujours aisé de reconnaître,
au premier aspect, les sociétés qui appartiennent à la grande famille issue de la Conférence
de 1863, car cette assemblée n'ayant pas pré-
cisé le nom qu'elles porteraient, elles en ont
pris d'assez variés. Cependant, elles ont fini
par trouver qu'une dénomination uniforme
serait préférable, et peu à peu elles s'y ache-
minent. Des publicistes appelés à parler
d'elles et ne sachant quelle désignation commune leur appliquer, imaginèrent celle de
« Sociétés de la Croix-Rouge », qui fit promptement fortune, et entra aussitôt dans le langage
usuel.

La Société néerlandaise la première, en 1867,
l'adopta d'emblée pour elle-même, tandis
qu'aucune des vingt plus anciennes n'avait
pensé à se l'approprier. Dès lors, bon nombre
de sociétés de création nouvelle ont suivi

l'exemple des Pays-Bas. Parmi leurs devan-
cières, celles d'Espagne, de Russie, d'Allemagne, d'Autriche, d'Italie, de Danemark, en
ont fait autant, sans se laisser arrêter par la
formalité d'un second baptême, du moment
qu'il devait rendre officiels les termes dont
tout le monde avait pris l'habitude de se
servir. — Sous ce rapport, la Belgique présente une anomalie. A côté d'une société
qui persiste à se faire appeler « Société de
secours aux militaires blessés, » et qui est
régulièrement affiliée aux sociétés analogues
des autres pays, elle en possède une seconde,
plus jeune, qui, bien qu'elle ait pris le titre
de « Société de la Croix-Rouge, » ne fait point
partie du concert international. — Sauf ce cas
particulier, quand une société se place sous
le vocable de la Croix-Rouge, chacun sait ce
que cela signifie ; elle n'a plus qu'à y ajouter
une épithète qui indique à quel pays elle
appartient. Quant au qualificatif d'*internationale*, il n'est ni juste ni exempt d'inconvénients.

Ce qu'il y a d'international chez les sociétés, c'est l'esprit qui les anime, cet esprit
de charité universelle qui les pousse à ac-

courir partout où le sang coule, et à éprouver
une égale sollicitude pour tous les blessés,
quels qu'ils soient. Elles sont une protestation
vivante contre cette haine farouche, qui étouffe
dans le cœur de l'homme toute pitié pour
son ennemi souffrant ; elles travaillent à
abaisser ces barrières, condamnées par le
sens moral de notre époque, que le fanatisme, aidé de la barbarie, avaient créées
et s'efforcent encore trop souvent de maintenir entre les diverses fractions de la race
humaine. C'est le même sentiment de solidarité qui porte les sociétés à s'entr'aider au
jour de l'adversité ; mais, comme nous l'avons
déjà fait remarquer, les travaux habituels
de chacune d'elles concernent uniquement
l'armée de son pays. Elles sont donc en réalité des institutions nationales, et il est de
leur intérêt qu'on ne l'ignore pas. Un exemple frappant de cette vérité a été fourni par la
Société française. En 1870, lors de son entrée
en campagne, elle s'aperçut que le nom d'« Internationale », dont on la gratifiait, la rendait
suspecte à son entourage, dont le patriotisme
ombrageux trouvait cette expression malson-
nante, et elle s'empressa de le répudier.

La plupart des sociétés de la Croix-Rouge
ont pris racine dans un sol vierge d'institutions de même nature, mais il y a eu des
exceptions à cette règle. Plusieurs ont été
entées, en quelque sorte, sur des organismes
préexistants, dont le but avait de l'analogie
avec le leur. C'est ainsi que, dans le duché
de Bade, la « Société des Dames », en Bavière
la « Société pour les Invalides », en Autriche
la « Société patriotique », servirent de berceau
à l'œuvre nouvelle.

Quand on eut à constituer de toutes pièces
un Comité directeur, on s'appliqua généralement à le composer de représentants des
principales opinions politiques et religieuses.
Les sociétés de la Croix-Rouge, en effet, doivent éviter soigneusement de devenir des
coteries, puisqu'elles sont appelées à planer
au-dessus des intérêts de parti, de caste, de
secte, de race et de clocher. Cette largeur de
vues a été partout admise et pratiquée ; on
ne trouve du moins nulle part, dans les statuts des sociétés existantes, l'indice d'une
tendance particulariste ou confessionnelle.

Les sociétés n'ont pas revêtu partout le caractère d'associations privées, témoin celle des

Pays-Bas, qui a été instituée par décret royal.
Dans les autres pays monarchiques, sans
aliéner leur liberté, elles ont d'ordinaire sollicité et obtenu l'approbation du gouvernement,
ainsi que leur reconnaissance légale comme
personnes civiles. Elles se sont placées aussi,
pour la plupart, sous le patronage du chef
de l'Etat ou de membres de sa famille, ce
qui, sans leur imprimer un cachet officiel,
les a mises en évidence et leur a donné du
prestige.

Celles qui recherchèrent ces faveurs, le
firent avec d'autant plus de zèle qu'elles y
voyaient un acheminement à se mettre dans
les bonnes grâces de l'administration. Elles
sentaient bien que, si elles ne parvenaient
pas à se faire agréer par l'autorité compétente
comme auxiliaires du service de santé, leur
bon vouloir se trouverait paralysé. Cela leur
était indispensable aussi, pour jouir des prérogatives conférées à certaines catégories de
personnes et de choses par la « Convention
de Genève, » dont nous parlerons plus loin,
et que l'on a appelée, à juste titre, «la pierre
angulaire des sociétés de secours.»

Les premières guerres dans lesquelles la Croix-Rouge fut engagée démontrèrent que cela même ne suffisait pas. On se convainquit de la nécessité d'une réglementation plus minutieuse, propre à écarter tout conflit entre les mandataires du public charitable et ceux de l'Etat.

Les sociétés ont mis, toutefois, peu d'empressement à s'entendre sur ce point avec leurs gouvernements respectifs. Il est probable que, sans méconnaître les avantages que leur procurerait une position bien franche et la reconnaissance précise de leurs attributions, elles ont été retenues souvent par la crainte que le pouvoir compétent ne fût pas disposé à leur concéder autant de droits qu'elles en désiraient. La question était délicate et les intérêts à concilier peu susceptibles de concessions. Pourtant, si le militarisme, d'un côté, devait viser à faire restreindre le plus possible l'introduction de l'élément civil dans l'armée, et si, d'autre part, la philanthropie, qui a besoin de liberté pour être féconde, devait s'efforcer de défendre son terrain, un accommodement leur était impérieusement commandé à tous deux.

Nous ne saurions aborder ici l'examen détaillé des diverses combinaisons à l'aide desquelles on a cherché à résoudre le problème. Nous nous contenterons de donner un aperçu de deux documents officiels, qui ont été promulgués presque simultanément, et qui régissent aujourd'hui cette matière chez deux grandes puissances ; aussi bien représentent-ils les deux tendances extrêmes, dont l'une a prévalu en France et l'autre en Allemagne.

Le décret signé par le maréchal de Mac-Mahon, le 2 mars 1878, a fait à la Société française de secours aux blessés une position privilégiée, en lui accordant presque un monopole pour seconder le service de santé militaire. Il exige que toutes les associations, sauf les ambulances locales, qui voudraient poursuivre le même but et qui ne seraient pas reconnues comme établissements d'utilité publique, se rattachent à elle. L'assistance des sociétés étrangères est admise, mais à condition qu'elles reçoivent pour cela une autorisation formelle du ministre de la guerre, et se placent également sous la direction de la Société française. Cette dernière correspond directement avec le ministre par l'en-

tremise de son président, et avec les commandants de corps d'armée, soit en paix, soit
en guerre, par des délégués spéciaux, qu'elle
désigne elle-même et soumet à l'agrément de
l'autorité supérieure. En temps de guerre,
sa tâche principale consiste à créer des établissements hospitaliers de seconde ligne,
ainsi qu'à concourir au service des ambulances d'évacuation et des ambulances de
gares ; mais sa coopération peut être étendue
aux ambulances actives, « en cas d'insuffisance des moyens dont dispose l'administration de la guerre et sur autorisation spéciale
du ministre, ou, en cas d'urgence, des généraux commandant en chef. » — Cet acte important nous semble faire une part équitable
aux deux éléments militaire et civil. Il sauvegarde suffisamment les droits des autorités
pour que celles-ci n'aient pas à se plaindre,
et il laisse assez de latitude aux secours libres
pour ne pas refroidir, par des entraves superflues, l'élan de la charité privée. Aussi ne
sommes-nous pas surpris que Mgr le duc
de Nemours ait envisagé le décret du 2 mars
comme « la récompense des longs efforts et
des grands services » de la société qu'il pré-

side, et ne pouvons-nous nous associer aux vives critiques dont il a été l'objet.

L'Ordonnance sanitaire pour l'armée allemande, du 10 janvier 1878, diffère beaucoup, quant à sa teneur, du décret français que nous venons d'analyser. En la lisant, on a l'impression qu'elle accorde comme une grâce, au patriotisme des Allemands, la faveur d'apporter leurs offrandes aux pieds de l'autorité militaire, en réservant à cette dernière le droit d'en disposer à son gré. On y sent une défiance peu déguisée à l'endroit des prestations de la bienfaisance privée. Le personnel et le matériel fournis par elle sont, beaucoup plus qu'en France, sous la tutelle de l'autorité, représentée, au sommet de la hiérarchie, par un « Commissaire impérial, inspecteur militaire des secours volontaires. » Les sociétés de la Croix-Rouge, malgré leurs brillants états de service, tiennent dans l'Ordonnance une place des plus exiguës; elles n'y figurent que par la mention, dans un de ses articles, du président de leur Comité central. Il est évident que les rédacteurs de ce document ont eu en vue, non pas seulement les sociétés de la Croix-Rouge, mais

l'assistance volontaire dans sa généralité,
laquelle, d'après leur système, peut être agréée
d'où qu'elle procède, qu'elle émane de corporations, de sociétés quelconques ou de simples particuliers.

La Croix-Rouge allemande s'émut de cette
législation restrictive, qui menaçait de porter
atteinte à son prestige et lui liait les bras.
Elle adressa ses doléances au gouvernement
et en reçut la promesse que les articles qui
avaient donné lieu à ses plaintes seraient
interprétés dans le sens le moins défavorable
à ses prétentions, lorsqu'ils laisseraient quelque latitude pour cela. En présence de cette
condescendance du pouvoir, elle a consenti
à passer condamnation sur ce qui lui déplaît
encore dans le régime auquel elle est soumise.

Il est certain que les sociétés ne doivent
pas craindre de se laisser militariser dans
une certaine mesure, car ce n'est qu'à cette
condition que leur concours sera acceptable,
un général ne pouvant admettre des auxiliaires qui n'obéiraient qu'à leur caprice. Cette
militarisation introduirait d'ailleurs dans leurs
rangs une discipline salutaire. Mais elles doi-

3

vent revendiquer énergiquement la faculté
d'intervenir partout où le service officiel est
insuffisant, fût-ce sur un champ de bataille,
car c'est pour cela même qu'elles ont été
créées aux applaudissements du monde entier. Ce serait les amoindrir considérable-
ment, peut-être les frapper à mort, que de
les parquer dans une sphère trop étroite pour
leurs aspirations.

Nous avons vu que la Conférence de Genève n'avait pas admis la pluralité des organes
de la Croix-Rouge dans un même État, et
qu'elle avait réclamé l'établissement d'une
administration centralisée pour chaque société. Eh bien ! ce sage précepte a été universellement observé, mais on n'a pas créé
partout des sections régionales ou locales.
Lorsqu'elles se sont multipliées, il arrive parfois, comme en France et en Hollande, que
des conférences réunissent périodiquement
des délégués provinciaux ; en Allemagne, les
sociétés qui reconnaissent la suprématie du
Comité central de Berlin s'assemblent aussi,
mais à intervalles irréguliers, pour délibérer
sur leurs intérêts communs.

Les unités de la Croix-Rouge doivent cor-
respondre aux unités militaires, c'est-à-dire
que toute la région dans laquelle se recrutent
les soldats appelés à obéir à un même chef
doit relever d'un même comité central. Il suit
de là que, dans les confédérations d'États, il
faut à la Croix-Rouge une direction unique.
C'est ainsi que pour tous les cantons suisses
il y a un comité central à Berne, et qu'à Berlin il s'en trouve un pour l'Empire allemand.
L'Autriche-Hongrie présente pourtant une exception à ce principe, exception justifiée par
le dualisme politique de cette monarchie;
Vienne et Buda-Pesth ont chacune leur comité central.

La Croix-Rouge a rencontré sur son chemin,
dans plusieurs pays, des institutions similaires, avec lesquelles elle a dû chercher à
entrer en arrangement, pour centraliser autant que possible les secours volontaires.
Nous ne parlons pas ici de certaines sociétés
que la liberté de la concurrence a fait surgir,
mais seulement de fondations créées sans
aucune pensée de rivalité avec la Croix-Rouge.
Telles sont, par exemple, les «Fondations pour

les invalides » en Allemagne, les « Confédérations de vétérans » en Autriche, la « Société
de la Sainte-Croix et du 2 mai » en Espagne.
Tels sont encore les ordres religieux des deux
sexes voués au soin des malades, et surtout
les ordres de chevalerie, notamment l'Ordre
teutonique et celui de Malte.

En Autriche, par exemple, l'Ordre teutonique s'occupait activement de soulager les
blessés en temps de guerre ; il disposait à cet
effet de ressources importantes et recevait des
subventions du gouvernement ; il avait ses
ambulances et ses colonnes sanitaires tout or-
ganisées. Lors de la constitution de la Société
autrichienne de la Croix-Rouge, il se concerta
avec elle pour éviter les doubles emplois.
Renonçant en sa faveur à quelques-unes de
ses sources de revenu, il conserva ses lazarets et son service actif, dont les approvisionnements en linge, vivres, etc., sont fournis
par l'Association. Des conventions, conclues
à ce sujet en 1880 et 1882, témoignent de la
parfaite harmonie qui existe en Autriche entre
l'Ordre teutonique et la Croix-Rouge.

Quant au titre de chevalier de St-Jean de
Jérusalem ou de Malte, il était purement nobi-

liaire depuis longtemps. Le réveil des différentes branches de cet ordre est de date très
récente ; sauf pour le bailliage de Brande-
bourg, reconstitué en 1852, il fut occasionné
par l'apparition des sociétés de secours aux
blessés. Les chevaliers, en voyant ces sociétés
se développer, se ressouvinrent de leur propre
origine, et sentirent que leur rôle actif n'était
pas fini. Animés d'une louable émulation, ils
revendiquèrent l'honneur de marcher, en
qualités d'aînés, à la tête ou à côté des secoureurs volontaires de l'école moderne.

Si tous les cœurs battaient à l'unisson, il
y avait cependant des règlements, des traditions, des principes, qui rendaient difficile,
tant à l'Ordre de St-Jean qu'aux sociétés de
secours, leur fusion dans un même moule
administratif. L'Ordre, en particulier, était trop
foncièrement aristocratique, et ses diverses
branches avaient un caractère confessionnel
trop prononcé, pour pouvoir adopter sans
réserves le large programme de la Conférence
de Genève ; mais son intérêt lui commandait
des concessions, sans lesquelles il aurait été
débordé par le courant de la philanthropie
populaire. Des efforts ont donc été faits en

divers lieux, avec plus ou moins de succès, pour assurer l'unité d'action qui paraît si désirable.

L'Ordre compte des représentants en Italie, en Autriche, en Prusse, en Espagne et en Angleterre. En Italie, un mode de vivre a été convenu en 1878 entre les deux institutions, et plusieurs membres de l'Ordre font partie du Comité central de la Société. En Autriche et en Prusse, elles marchent parallèlement en bonne harmonie, mais sans se confondre ni même se concerter. En Espagne, l'union est plus intime que partout ailleurs, la Société ayant été créée officiellement par l'Ordre, qui l'a calquée sur sa propre organisation et continue de la diriger. En Angleterre, enfin, la distinction est très nette entre l'Ordre et la Société, qui n'ont ni l'un ni l'autre d'existence légale.

Ces vénérables et utiles corporations ne doivent point être confondues avec des « Ordres de la Croix-Rouge » créés depuis peu d'années en Roumanie, en Russie et en Espagne, et dont l'unique but est de récompenser, par des distinctions honorifiques, des services rendus aux soldats blessés. — Nous devons signaler

aussi un prétendu « Ordre hospitalier de la
Croix-Rouge », dont les brevets sont délivrés
au nom d'une chancellerie imaginaire, ayant
soi-disant son siège à Genève. Les inventeurs
de cette fausse chevalerie exploitent les pauvres dupes que la vanité attire dans leurs
filets, en leur vendant, à beaux deniers
comptant, des diplômes et des insignes.

Dès que le réseau de la Croix-Rouge eut
commencé à se consolider, les sociétés qui le
composaient songèrent à se rencontrer paci-
fiquement, pour échanger leurs idées, dans
une de ces conférences que les Résolutions
de 1863 leur recommandaient. L'exposition
universelle qui devait attirer à Paris, en 1867,
une grande affluence d'étrangers, parut offrir
pour cela une occasion propice; aussi, à l'ins-
tigation du Comité de Genève, la Société
française convoqua-t-elle dans cette capitale
une réunion, à laquelle prirent part quatorze
sociétés nationales. Quoique plusieurs gouvernements y eussent aussi envoyé des délégués, la Conférence conserva un caractère
tout-à-fait privé, et sembla passer inaperçue
aux yeux des autorités comme du public fran-

çais. Elle eut néanmoins son utilité, soit par le fait de ses délibérations, soit surtout parce qu'elle fournit à ses membres l'occasion de se connaître. Pour des hommes qui, d'un jour à l'autre, pouvaient être appelés à déployer leur activité dans des camps ennemis, il était d'une très grande importance de nouer en temps de paix des relations fraternelles, afin que plus tard, malgré les rapports tendus que fait naître l'état de guerre, leur bonne harmonie persistât, pour le plus grand bien des blessés. Les assistants à la Conférence de Paris éprouvèrent une telle satisfaction à s'y rencontrer, qu'ils se donnèrent rendez-vous pour l'année suivante à Berlin.

Cette deuxième session, qui ne put avoir lieu qu'en 1869, fut couronnée à son tour d'un plein succès. L'accueil empressé et sympathique que les membres de l'assemblée reçurent de la famille royale de Prusse fut très remarqué, et contribua à éveiller l'attention sur leurs travaux. Là aussi on s'entretint avec profit de la tâche des sociétés de secours. En se séparant, on résolut de se retrouver une troisième fois à Vienne, en 1871, mais les grands évènements survenus avant cette date, puis diverses circonstances de force majeure, ont mis longtemps obstacle à la convocation d'une conférence en Autriche. Elle aura lieu en 1883.

Nous n'entrerons pas dans des détails plus circonstanciés au sujet de l'organisation des sociétés de secours, les paragraphes que nous lui avons consacrés nous paraissant suffire, malgré leur concision, pour en bien faire saisir la nature et la physionomie.

Qu'on ne croie pas cependant que la période d'installation, pendant laquelle l'œuvre, dans sa généralité, est sortie du néant et s'est assise sur des bases solides, ait présenté le spectacle d'une pléiade de sociétés marchant toutes d'un pas égal vers le but commun qui leur était proposé. Quelques-unes ne se sont affermies qu'après des défaillances excusables; d'autres sont encore peu éloignées de leur point de départ et ne semblent pas disposées à changer d'allure ; pour les y décider, il ne faudrait probablement qu'une conception plus nette de leurs devoirs, et nous nous plaisons à espérer, qu'au moins à ce point de vue, cette étude ne sera pas stérile.

3*

Les intérêts nationaux confiés à la Croix-Rouge n'exigent au fond rien de plus que l'existence de ces groupes multiples, veillant chacun sur l'armée de son propre pays; mais, pour s'acquitter de son rôle international, l'institution dont nous nous occupons a besoin d'un rouage complémentaire.

La Conférence de 1863 ayant posé en principe, d'une part que les sociétés de nations belligérantes peuvent faire appel à celles de nations neutres, et d'autre part qu'une seule société par Etat est admise au bénéfice de cette clause, il faut nécessairement qu'un certain contrôle soit exercé sur celles qui y prétendent, afin d'éviter soit les doubles emplois, soit l'adjonction de sociétés qui n'offriraient pas assez de garanties pour la fidèle observation de leurs engagements. De même que dans une confédération d'Etats n'entre pas qui veut, il serait peu rationnel que la première association venue pût se dire membre de la ligue de la Croix-Rouge, et se croire en droit d'en revendiquer les avantages.

Mais par qui les titres des postulants seront-ils examinés? On aboutirait à un véritable chaos en laissant ce soin délicat aux sociétés

préexistantes, privées des moyens de se concerter pour cela dans chaque cas particulier.
Elles-mêmes l'ont du reste parfaitement compris, et aucune n'a demandé qu'il en fût ainsi.
Dès lors elles auraient dû, pour être logiques,
désigner un mandataire collectif, autorisé à
prononcer sur les candidatures. Malheureusement elles ne l'ont pas fait, et c'est pour
combler la grave lacune que leur incurie a
laissé subsister, que le Comité international
siégeant à Genève, après avoir donné la première impulsion à la Croix-Rouge, a fini par
assumer la responsabilité d'en être en quelque
sorte le régulateur officieux. Grâce à l'autorité
purement morale dont il jouit, et avec l'acquiescement tacite de toutes les sociétés nationales, il veille aux intérêts généraux de
l'œuvre, use de son influence, à l'occasion,
pour empêcher qu'elle ne dévie de ses principes fondamentaux, et, s'il y a lieu, accorde
pour ainsi dire l'*exequatur* aux sociétés nouvelles qui le sollicitent.

Il est regrettable assurément que ces fonctions du Comité international ne lui aient pas
été catégoriquement conférées, mais le fait qu'il
les exerce depuis près de vingt ans et que

personne ne songe à les lui retirer, équivaut
bien, nous semble-t-il, à une investiture formelle. D'ailleurs, si l'on nous demandait de
prouver que la manière dont le Comité international s'est comporté est unanimément ap-
prouvée, nous ne serions pas embarrassé.
Nous n'aurions qu'à évoquer le souvenir de
la marque d'estime que la Conférence de
Berlin lui a donnée. Elle a eu assez de confiance en lui pour le charger de publier périodiquement un bulletin général de l'œuvre,
et, ce qui est plus significatif encore, d'aider,
en cas de guerre, à l'équitable répartition des
secours sanitaires fournis par les neutres aux
belligérants.

Nous avons dit, en parlant des origines de
la Croix-Rouge, que la Conférence de 1863
avait reconnu la nécessité d'un double progrès pour quelle atteignît à son apogée, c'est-
à-dire pour qu'elle atténuât, dans la plus
large mesure possible, les souffrances, les
privations, les angoisses des soldats malades

ou blessés en campagne. On avait fait appel,
dans cette intention, à la charité et à la justice :
à la charité, en l'invitant à multiplier les soins
de tout genre auprès des malheureux, objets
de sa sollicitude, et en lui indiquant, comme
moyen d'y parvenir, l'association pratiquée
sur une vaste échelle ; à la justice, en im-
plorant une réforme des lois de la guerre, et
l'interdiction, par les pouvoirs compétents, de
maintes rigueurs inutiles. Dans les pages qui
précèdent, nous avons montré comment la
bienfaisance privée avait répondu à cet appel
et réalisé la première partie du programme
de la Conférence. Il nous reste à parler de la
question de droit.

B. LA CONVENTION DE GENÈVE

Pour faire surgir des sociétés secourables,
le Comité international avait dû s'enquérir
des personnes les plus aptes à en prendre la
direction dans chaque pays, et les déterminer
à s'en charger. De même, pour amener les
diverses puissances à s'obliger les unes envers les autres par une convention diplo-

matique, — car il ne s'agissait de rien moins
que de cela, — il devait faire auprès d'elles
une active propagande, jusqu'à ce qu'il eût
trouvé un gouvernement assez bien disposé
pour épouser son projet, le prendre à son
compte et en nantir lui-même les autres ca-
binets. En présence de cette nécessité, on ne
se fit pas faute de prédire un échec au Comité
genevois. Mais voici que, contrairement à
toute attente, les obstacles s'aplanirent comme
par enchantement. Beaucoup de paroles de
sympathie tombèrent de la bouche des souverains consultés, tout particulièrement en
Prusse et en France. L'empereur Napoléon III
alla même, dans son enthousiasme, jusqu'à se
déclarer prêt à convoquer une conférence *ad
hoc,* laissant par courtoisie au comité d'initiative le choix de l'époque et du lieu de cette
réunion. N'y avait-il pas là de quoi réjouir le
cœur de ceux qui se trouvaient honorés d'un
tel encouragement, et qui, six mois après l'assemblée de 1863, pouvaient ainsi entrevoir,
dans un avenir très prochain, le couronne-
ment de leurs efforts, l'accomplissement de
leurs souhaits les plus ambitieux ?

Avec l'agrément et le concours du Conseil

fédéral suisse, ce fut à Genève que la conférence s'assembla. En quinze jours elle rédigea un traité qui, le 22 août 1864, fut signé par les plénipotentiaires de douze puissances, et qui porte dans l'histoire le nom de *Convention de Genève*. Voici, en substance, ce que proclame cet acte important.

Les belligérants doivent prendre soin, sans distinction de nationalité, des militaires blessés ou malades qui se trouvent à leur portée. — Les hommes qui, après guérison, sont incapables de servir de nouveau, doivent, s'ils appartiennent à l'armée ennemie, être renvoyés dans leur pays, au lieu d'être gardés comme prisonniers de guerre. — On ne peut commettre des actes hostiles contre les ambulances et les hôpitaux, ni s'en emparer, s'il s'y trouve des blessés ou des malades et s'ils ne sont pas gardés par une force militaire.— Les ambulances ne peuvent être dépouillées de leur matériel en aucun cas, et les évacuations sont considérées comme neutres. — Le personnel hospitalier, tant administratif que médical et religieux, est déclaré neutre ; il ne peut être troublé dans l'exercice de ses fonctions, ni retenu en captivité. — Des encouragements sont offerts aux habitants des lieux où se livrent des batailles, pour qu'ils prêtent leur assistance au service de santé des armées. — Enfin, pour le matériel et le personnel auxquels la Convention confère des immunités, on doit faire usage, comme signe de reconnaissance, d'un drapeau portant croix rouge sur fond blanc, ou d'un brassard aux mêmes couleurs, que les autorités militaires des belligérants ont seules le droit de délivrer.

On a contesté la justesse des expressions « neutre » et « neutralité », employées par la Convention pour désigner le caractère nouveau imprimé au service sanitaire, mais il eut été malaisé d'en trouver qui répondissent plus exactement à la pensée du législateur. Sans doute, la neutralité accordée à des médecins et à des hôpitaux, sur le théâtre même de la guerre, ne peut pas être identique de tous points, dans ses effets, à celle d'États neutralisés ; cependant on remarque une analogie frappante entre les situations qui leur sont faites aux uns et aux autres. Les nations neutres en vertu de traités internationaux occupent, dans l'ordre politique, une position

assez analogue à celle de la Croix-Rouge au
sein des armées, en ce sens que de part et
d'autre existe le devoir de ne concourir, ni
directement ni indirectement, aux opérations
militaires des belligérants, et que la neutralité procure à tous ceux qu'elle couvre un
abri relatif contre les atteintes de la guerre.
D'ailleurs, ceux qui en jouissent n'en ont pas
été gratifiés pour leur propre avantage, mais
pour celui d'autrui.

Contrairement à une croyance fort répandue, la Convention de Genève ne contient
pas un mot relatif aux sociétés de secours.
Celles-ci commençaient seulement à poindre
à l'horizon lorsque la Convention fut conclue,
et on les y passa intentionnellement sous silence. On ne les connaissait pas assez, pour
leur conférer des droits aussi insolites et aussi
étendus que ceux qu'on accordait au service
officiel. Il en résulte que, jusqu'à nouvel
ordre, les membres et les agents des associations de la Croix-Rouge ne bénéficient de la
Convention, qu'autant que l'un ou l'autre des
belligérants veut bien leur donner des brassards munis de son estampille.

La Convention de Genève et les sociétés de secours ne sont donc pas une seule et même chose ; cela, au surplus, ressort avec évidence des noms qu'elles portent et qui les différencient. Si nous accentuons une vérité aussi claire, c'est que, dans l'esprit des gens mal informés, associations et traité sont généralement confondus. Parce qu'on sait vaguement qu'ils ont eu le même point de départ, qu'ils concourent aux mêmes fins et qu'ils arborent le même drapeau, on se persuade volontiers qu'ils ne font qu'un. Nous avons vu les fausses notions et les idées étranges qui ont cours à cet égard se produire jusque dans des documents officiels, où l'on n'aurait pas dû les rencontrer. Citons, par exemple, la chancellerie d'une grande puissance, déclarant que son gouvernement n'a pas besoin de signer la Convention, « parce que son service sanitaire est suffisant pour toutes les éventualités ! » — Ailleurs, c'est un État qui « reconnaît qu'en signant la Convention, il a pris l'engagement de respecter les ambulances de la Société de la Croix-Rouge, mais qu'il a acquis en même temps le droit de former lui-même des so-

ciétés ayant le même objet et régies par les
mêmes règles ! » — Ailleurs encore, ce sont les
plus hauts fonctionnaires civils et militaires
d'une grande ville, qui s'unissent pour notifier «officiellement» au Comité international
l'adhésion d'une ambulance locale à la Convention, et lui demander l'autorisation d'en
porter les insignes ! » — Nous n'en finirions
pas si nous voulions épuiser la liste de ces
méprises, qui témoignent non-seulement de
l'ignorance de ceux qui les ont commises,
mais encore et surtout de leur excessive lé-
gèreté.

La paternité des idées qui ont trouvé place
dans la Convention de Genève n'appartient
pas à ceux qui ont été les promoteurs immédiats de ce traité. Si, au début, ils purent se
faire quelque illusion à cet égard, ils furent
promptement détrompés, car de toute part
on leur signala des écrits où les mêmes théories avaient été antérieurement énoncées.
Rendons-leur la justice de dire qu'ils ne furent pas les derniers à s'en applaudir. Mettant
tout amour-propre de côté, ils se félicitèrent
de découvrir ainsi de nombreux auxiliaires,

sur lesquels ils n'avaient pas compté, dont l'exemple les fortifia dans la conviction qu'ils ne se trompaient pas, et dont le témoignage pouvait être invoqué fort utilement. On exhuma, tantôt des suggestions de penseurs philanthropes demeurées sans écho; tantôt l'histoire de généreux guerriers qui, devançant leur temps, avaient eu des égards pour des blessés ennemis; tantôt, enfin, des cartels, plus ou moins analogues à la Convention de 1864, mais d'une portée locale et toujours temporaire.

Ce qu'on ne peut nier, c'est que les lois de la guerre autorisaient encore les rigueurs objet de tant de protestations. On a même prétendu que ces méfaits étaient plus fréquents au dix-neuvième siècle qu'ils ne l'avaient été au dix-huitième. Les sages conseils et les exemples isolés, dont nous venons de parler, avaient donc été impuissants à les empêcher d'une manière générale et durable. Cela ne prouvait-il pas que, pour substituer efficacement à l'ancienne maxime du droit des gens : « Fais à ton ennemi tout le mal que tu peux lui faire, » la formule moderne : « Ne fais pas à ton ennemi plus de mal que ne l'exige le

but de la guerre, » il était indispensable de
recourir à un procédé nouveau? On n'avait
pas encore essayé, pour avoir raison des
vieux usages, de provoquer une manifestation imposante, une réclamation collective et
solennelle des peuples, agissant par l'organe
de leurs gouvernements. Ce moyen avait été
indiqué; on en fit l'épreuve. De là l'originalité incontestable et la grande valeur relative
de la Convention à laquelle cette tentative a
abouti. L'un de ses admirateurs sérieux (¹)
affirme « qu'elle doit être saluée comme un
de ces évènements importants, de ces rares
progrès, que l'on ne constate que d'époque
en époque dans l'histoire du genre humain. »
M. Cauchy, en entretenant l'Académie des
sciences morales et politiques de Paris d'un
livre sur la Convention de Genève, s'exprimait ainsi : « Il y a quelque chose de plus
important encore que les actes émanés de la
Conférence de Genève : c'est la réunion même
de ce Congrès, c'est ce mémorable exemple
donné au monde de la facilité avec laquelle
des plénipotentiaires, délégués par toutes les

(¹) Naundorff.

puissances de l'Europe et par la grande
Union américaine, s'assemblent, à l'appel
d'un faible Etat neutre, pour travailler en
commun à l'adoucissement des maux de la
guerre et à la réforme du droit des gens ; —
non pas à l'une de ces réformes autour desquelles les passions s'agitent, les intérêts se
soulèvent, le bruit se fait, mais à une réforme
qui n'a pour mobile que le noble sentiment
de l'humanité, pour satisfaction que la conscience d'un devoir accompli, de quelques
infortunes soulagées, d'un pas fait en avant
dans le domaine de la charité. »

La Convention apparaît donc comme un
signe des temps. Ses rédacteurs ne se flat-
taient pas, cependant, que leur œuvre eût la
vertu magique de balayer du premier coup
les abus qu'elle était destinée à détruire.
L'effet qu'ils en espéraient à courte échéance,
c'était d'influencer fortement l'opinion publique, oracle des mœurs militaires comme des
mœurs civiles, et de placer sous le coup d'un
blâme, non moins catégorique qu'universel,
les violences superflues qui se produiraient à
l'avenir, en attendant qu'une sanction pénale
vînt accroître la portée de leur interdiction.

Ils sentaient bien aussi qu'ils n'avaient pas atteint d'emblée à la perfection, et ils se prêtèrent de bonne grâce au perfectionnement de leur premier travail.

Les critiques principales qu'on adressa à la Convention partirent de deux camps opposés, l'un lui reprochant de méconnaître les exigences du métier des armes, l'autre trouvant au contraire qu'elle ne restreignait pas assez l'emploi de la force. Il n'y a pas lieu de s'étonner qu'il en ait été ainsi, car les opinions extrêmes ne pouvaient être complètement satisfaites par un accord, qui n'était au fond qu'une transaction, entre la guerre, avec ses inévitables violences, et l'idéal de la mansuétude, c'est-à-dire entre deux ordres de poursuites qui, par essence, s'excluent mutuellement. Il semble néanmoins que le traité de 1864 ait tenu compte dans une assez sage mesure du pour et du contre, puisque, déjà soumis à l'épreuve de plusieurs guerres, et à celle de discussions dans lesquelles les tendances contraires se sont heurtées, son texte primitif est resté debout.

Le premier assaut fut dirigé par les sociétés

de la Croix-Rouge. Réunies à Paris en 1867,
elles proposèrent que l'on révisât la Convention, en y faisant pénétrer davantage le courant des idées philanthropiques. Une conférence diplomatique s'en suivit. Elle se tint
à Genève, en 1868, et vota une série d'articles
additionnels qui, n'ayant pas été ratifiés par
la totalité des intéressés, n'ont pas acquis
force de loi.

Depuis cette expérience peu réussie, les
sociétés, pour ne pas causer de déplaisir aux
gouvernements, ont cessé de se mêler de questions de droit, qui ne sont pas précisément
de leur ressort. Déjà en 1863, le général
Milutine, ministre de la guerre en Russie,
émettait l'avis « qu'il serait avantageux d'é-
carter des débats de la conférence inofficielle
de Genève tout ce qui touche au droit international, et de réserver cette partie de la question à l'initiative des gouvernements, agissant
par leurs organes compétents. » Ce conseil
ne fut pas suivi, et fort heureusement les cabi-
nets eurent le bon esprit de ne pas s'en for-
maliser ; leur condescendance devait pourtant
avoir des bornes. Après l'infructueuse campagne pour la révision, dans laquelle ils s'é-

taient laissés entraîner en 1868, ils manifestèrent très clairement l'intention de ne plus
se mettre à la remorque des sociétés, et de
faire dorénavant leurs affaires eux-mêmes.

La Convention passa encore par une crise
épineuse en 1874, lors de la conférence internationale, convoquée par le tzar à Bruxelles,
pour codifier les lois de la guerre. Là elle
rencontra des détracteurs qui, la trouvant in-
commode pour les combattants, la critiquèrent
vivement, mais elle triompha de cette nouvelle attaque. La *Déclaration* qui la confirma,
tout en admettant qu'elle avait besoin d'être
revue et corrigée, ne fut d'ailleurs, pas plus
que les articles additionnels de 1868, trans-
formée en une loi positive. Elle est toujours
à l'état de projet.

Veut-on savoir maintenant quels sont les
Etats qui ont accepté les obligations contenues
dans la Convention de Genève ? — En tête
figurent neuf puissances qui y ont souscrit
à Genève même, le 22 août 1864 ; ce sont,
dans l'ordre chronologique de leurs ratifications : la France, la Suisse, la Belgique, les
Pays-Bas, l'Italie, l'Espagne, le Danemark, le

duché de Bade et la Prusse. — Douze autres gouvernements se sont, à diverses époques, ralliés à ce premier groupe, sans autre motif apparent que leur sympathie pour la réforme consacrée par la Convention ; ce sont ceux de la Suède et de la Norwège, de la Grèce, de la Grande-Bretagne, du Mecklembourg-Schwerin, de la Turquie, du Portugal (¹), de la Russie, de la Roumanie, de la Perse, de San-Salvador, de la République Argentine et des Etats-Unis. — Enfin, et ceci est très frappant, onze Etats ont été amenés à y apposer leur sceau, sous la pression de guerres dans lesquelles leur armée allait se trouver ou venait d'être engagée, comme s'il avait fallu l'imminence du danger ou les leçons de l'épreuve, pour les convaincre de l'utilité de cette démarche. Ainsi le Wurtemberg, la Hesse (²), la Bavière, l'Autriche, la Saxe royale, s'y décident en 1866 ; en 1868, après la bataille de Mentana, c'est le tour du pape ; en 1875 et 1876, celui du Monténégro et

---

(¹) Un représentant du Portugal avait déjà signé la Convention le 22 août 1864, mais le gouvernement de cet Etat ne s'était pas prononcé en temps utile pour pouvoir participer à l'échange des ratifications, à Berne, le 22 juin 1865.

(²) Même observation pour le Wurtemberg et la Hesse que pour le Portugal. (V. *supra.*)

de la Serbie, peu avant leur déclaration de
guerre à la Turquie ; enfin, en 1879 et 1880,
la Bolivie, le Chili et le Pérou, en lutte les uns
avec les autres, adhèrent tous à la Convention.
— Aujourd'hui ce traité est revêtu de trente-
deux signatures. Il a été accepté par tous les
États de l'Europe, par six Etats américains et
par un État asiatique. C'est le Conseil fédéral
suisse qui est chargé de recevoir les nouvelles
adhésions, et de les notifier aux signataires
antérieurs.

———

Ceux de nos lecteurs qui ont eu la patience
de nous suivre jusqu'ici, savent parfaitement
ce qu'il faut entendre par la *Croix-Rouge*,
et quels en sont les organes. Ils se rendent
compte qu'elle est un signe dont la vue seule
ramène la pensée vers les égards dus au soldat blessé, celui-ci, une fois tombé n'étant plus
un ennemi pour personne, mais seulement
une victime du devoir, digne de compassion
et de soins assidus. Ils n'ignorent pas davantage que, sous sa forme concrète, la Croix-

Rouge s'appelle tantôt *Sociétés de secours,* quand elle se montre par son côté positif et déploie autour de ses protégés une activité réparatrice, tantôt *Convention de Genève,* quand elle apparaît sous un aspect plutôt préventif, c'est-à-dire comme une sauvegarde, qui met les blessés à l'abri d'éventualités capables d'aggraver leur état. Nous les invitons maintenant à nous accompagner sur le terrain de l'action, pour observer le jeu de ces rouages, et voir jusqu'à quel point ils ont répondu à l'attente de ceux qui les avaient créés.

CHAPITRE III

LES APPLICATIONS DE LA CROIX-ROUGE

A. PÉRIODES DE PAIX

Le titre général que nous donnons à ce chapitre fait assez comprendre que nous allons entrer dans le vif du sujet. Nous ne pouvons cependant nous transporter de plein saut au cœur de la guerre, afin d'y voir la Croix-Rouge à l'œuvre, sans nous arrêter encore quelques instants à la période transitoire qui, pour chaque pays, doit toujours séparer le moment où elle a été appelée à l'existence, de celui où l'on a besoin d'elle.

S'il ne s'agissait que de la Convention de Genève, nous négligerions ce préambule, car, une fois signée, elle prend place dans l'arsenal des lois, et il suffit de l'en retirer quand on veut s'en servir ; elle est sans application

en temps de paix, tandis qu'il n'en est pas
de même des sociétés de secours. La Conférence de 1863 a voulu qu'on n'attendît pas,
pour les fonder, d'apercevoir des points noirs
à l'horizon de la politique, et celles pour
lesquelles ce conseil est écouté se trouvent
ainsi, à leur début, non pas aux prises avec
les embarras d'une entrée en campagne, mais
dans l'expectative d'évènements qui peuvent
tarder plus ou moins à se produire. Reste-
ront-elles les bras croisés pendant ce délai ?
Certainement non. Elles ne répondraient que
très imparfaitement à la pensée prévoyante
qui les a enfantées, si elles se bornaient à se
constituer et ne faisaient rien de plus en vue
de l'avenir. Oisives, elles s'alanguiraient peu
à peu et disparaîtraient bientôt sans laisser
de traces ; en cas d'alerte, tout serait à re-
commencer.

D'ailleurs, les sociétés préexisteraient vainement à la guerre, si elles ne mettaient
cette circonstance à profit pour y préluder
par un certain nombre de travaux préparatoires. Un service sanitaire improvisé ne vaut
rien ; le bon sens le dit et les faits le prouvent. A la suite des terribles expériences de

l'année 1870, on a vu les sociétés des belligérants d'alors, et celles de plusieurs neutres,
entreprendre avec décision des apprêts qu'elles
se repentaient d'avoir trop négligés. Cette
sage conduite s'impose à toutes les sociétés
de la Croix-Rouge, et c'est un des traits qui
les différencient le plus avantageusement des
institutions similaires d'autrefois.

L'utilité de ces précautions n'a pas encore
été appréciée partout à sa juste valeur, et l'on
rencontre, hélas! plus d'une société qui passe
ses vacances dans l'inaction, soit qu'elle appartienne à un peuple peu belliqueux, soit
qu'elle s'imagine qu'il sera toujours assez tôt
de se réveiller de sa léthargie quand le danger
sera là. Mais ces excuses sont de peu de valeur. Quant aux chances de guerre, il est
facile de calculer que, des vingt-huit sociétés
aujourd'hui vivantes, vingt-trois auraient eu
déjà des compatriotes à secourir si, comme
la plus vieille d'entre elles, elles avaient toutes
pris naissance il y a dix-neuf ans. Qui donc,
après cela, oserait se dire à l'abri du fléau?
Et quant à la possibilité de tout créer à la
dernière minute, nous ne nous contenterons
pas d'affirmer que les sociétés qui se tiennent

sur leurs gardes sont mieux avisées que les
autres, nous essaierons de le démontrer.

Pour être à même de recueillir, de transporter et de soigner convenablement des blessés, plusieurs conditions sont indispensables.
Avant tout, il faut disposer d'un nombreux
personnel, les engins meurtriers dont on se
sert de nos jours faisant tant de victimes,
que l'assistance de rares volontaires serait
insignifiante. Il faut, en outre, que ces émis-
saires de la Croix-Rouge aient été façonnés
à leur métier, car sans cela ils risqueraient
de faire plus de mal que de bien. Or,
pense-t-on qu'en ouvrant un bureau de
recrutement à l'heure où les épées sortent
de leur fourreau, on se procurera, du jour
au lendemain, une quantité suffisante d'ouvriers qualifiés pour cet emploi ? Sans doute
beaucoup s'offriront, les uns par pur dévouement à leur prochain, les autres obéis-
sant peut-être à des mobiles moins désinté-
ressés ; mais combien y en aura-t-il parmi
eux qui répondront aux desiderata les plus
élémentaires ? N'est-il pas évident que tout
l'effort de la Croix-Rouge serait entravé, si

elle ne s'appliquait dores et déjà à dresser
pour son propre compte des agents familia-
risés avec la tâche qui leur incombera, et
capables de s'en bien acquitter?

Puis ces ouvriers auront besoin d'un outillage, qui doit faire l'objet d'études préalables.
Se représente-t-on les pertes de temps et
d'argent qu'éprouverait une société obligée
de se procurer d'urgence un matériel d'ambulance ou de transport, si elle n'avait pas
porté d'avance son attention sur ce point?
C'est toute une science qu'exige un choix judicieux de médicaments, d'appareils, de brancards, de voitures, de tentes, de baraques. On
aurait beau faire appel aux lumières des spé-
cialistes, encore éviterait-on difficilement les
lenteurs et les tâtonnements.

Il y a donc d'utiles mesures à prendre
pour que, lors d'une déclaration de guerre,
les sociétés intéressées ne se heurtent pas à
de sérieux obstacles, quand elles auront à
s'équiper et à se pourvoir d'aides de confiance.

On l'a compris en divers lieux.

En Hollande, par exemple, on enseigne le
métier d'infirmiers à ceux qui le désirent et
qui consentent à se mettre ensuite à la dis-

position de la Croix-Rouge. A Lille, on a
tenté un essai analogue pour des brancar-
diers, en imposant à chaque élève l'obligation
de dresser à son tour une brigade de dix
hommes. Ailleurs, notamment en Allemagne,
on a encouragé les hommes qui font partie
des corps de pompiers et des sociétés de
gymnastes à se soumettre à un apprentissage
spécial du même genre. A Stockholm, une
société dite « des Volontaires, » composée de
jeunes gens, s'est rattachée intimement à
celle de la Croix-Rouge. Elle fait donner des
cours à ses membres, qui sont autorisés à
assister aux visites médicales dans certains
hôpitaux, et qui, au bout de deux ans, pas-
sent un examen portant sur les éléments de
l'anatomie, de la physiologie et de la chirurgie, ainsi que sur l'art de soigner les malades. Mentionnons enfin le « Corps de por-
teurs volontaires » de Carlsruhe, qui relève
de la Société de la Croix-Rouge de cette ville.
On n'y admet que des hommes robustes, offrant des garanties morales et reconnus aptes
au service : ils s'engagent à rester en dispo-
nibilité pendant deux ans, et reçoivent chaque
année une instruction technique. Le corps

forme deux détachements, l'un mobile et l'autre de réserve; chaque détachement se subdivise lui-même en sections de soixante hommes chacune. Son office est d'évacuer les soldats des lazarets de campagne aux chemins de fer, et de ceux-ci aux lazarets de réserve. Ce n'est qu'exceptionnellement, sur un ordre exprès des autorités militaires, que le corps est employé plus près des champs de bataille.

La besogne des transports exige trop de force et d'agilité pour qu'on ait songé à la proposer à des femmes, mais on n'a pas négligé d'en enrôler pour l'intérieur des hôpitaux et des ambulances, où elles peuvent rivaliser avantageusement avec l'autre sexe; elles y apportent un supplément de bras désirable, et il y a des motifs puissants, que nous avons déjà indiqués, pour les utiliser auprès des malades militaires, comme elles le sont en tout temps auprès des malades civils. Mais il leur faut, comme aux hommes, une préparation professionnelle, leurs dons naturels, quelque précieux qu'ils soient, ne compensant pas le défaut de connaissances qui ne s'acquièrent que par l'étude et la pratique. En Allemagne, en Suède, en Danemark, on y a veillé très activement ; la formation des infirmières y tient une grande place dans les actes des sociétés de secours. On donne des leçons aux postulantes, à la condition de pouvoir compter sur elles en cas de guerre, et on les distribue soit dans les hôpitaux, soit dans les familles, où elles se perfectionnent tout en gagnant leur vie. En Russie, malgré une propension très générale des religieuses à remplir l'office de garde-malades dans les établissements hospitaliers de l'armée, la Société n'a pas trouvé superflu de fonder une corporation nouvelle, celle des « Sœurs de St-George », afin de l'avoir entièrement sous sa dépendance.

Pour compléter l'enseignement oral donné à ce personnel, tant masculin que féminin, maints écrits ont été publiés. L'impératrice Augusta en a provoqué la composition, par un concours auquel elle a affecté des prix de grande valeur. La France possède un excellent « Manuel de la dame de charité, du brancardier et de l'infirmier », dû à la plume si compétente de feu le Dr Chenu. Il existe dans ce genre toute une littérature, à l'éclosion de laquelle les sociétés de secours ont beaucoup aidé.

Si nous reportons maintenant nos regards des individus sur les choses qui sont en corrélation avec la Croix-Rouge, nous reconnaîtrons que ces dernières aussi ont été l'objet de poursuites assidues.

Depuis que l'éveil a été donné sur les défectuosités du traitement réservé aux soldats blessés ou malades, la Croix-Rouge n'a pas seule cherché à y porter remède ; les fonctionnaires de l'Etat, aussi bien que les savants et les industriels, se sont mis en quête d'améliorations, sur la nécessité desquelles il n'était plus permis de fermer les yeux. Toutes les questions qui se rattachent à la santé des troupes, depuis la prophylaxie jusqu'à la prothèse des membres, ont été vigoureusement reprises, et, si elles n'ont pas encore reçu des solutions absolument satisfaisantes, on ne saurait méconnaitre que des progrès notables aient été accomplis. Les sociétés de secours, qui ont donné l'élan à ces recherches, s'y sont engagées elles-mêmes, car non-seulement elles désiraient, d'une manière générale, le perfectionnement des moyens propres à hâter la guérison ou à calmer les douleurs des blessés, mais encore elles sentaient que leur pro-

pre intervention serait d'autant plus efficace
qu'elles disposeraient d'instruments plus par-
faits.

Afin d'atteindre ce but, les unes, comme la
Société française, ont constitué dans leur sein
des sections d'études techniques. Elles avaient
aussi la ressource d'ouvrir des concours, et
souvent elles en ont usé. D'autres, à St-Pétersbourg et à La Haye, ont organisé des expositions spéciales qui ont porté d'excellents
fruits. La Croix-Rouge, dans son ensemble,
a même été admise à figurer à part dans les
expositions universelles de Paris (1867), et de
Vienne (1873), où elle a été très remarquée.
Poussant les investigations plus loin, on a
expérimenté de nouveaux systèmes de baraques, d'ambulances nautiques, de wagons, de
voitures et de brancards. En Suède, en France,
en Italie, ces essais se sont faits auprès de
l'armée, lorsqu'elle s'exerçait par de grandes
manœuvres. Une fois les meilleurs modèles
reconnus, on les a çà et là collectionnés, pour
n'avoir plus qu'à les copier le jour où il faudra les multiplier. Si l'on ne s'en est pas ap-
provisionné largement, ç'a été pour ne pas
immobiliser un trop gros capital, par crainte

aussi des détériorations, puis pour pouvoir
bénéficier d'inventions subséquentes. Le Comité central de Paris a eu, sous ce rapport,
une très heureuse inspiration en installant,
au chef-lieu de chacune des circonscriptions
militaires de la France, un groupe de types,
représentant les éléments d'une ambulance
de campagne prête à fonctionner.

Tel est le fond de l'activité préparatoire de
la Croix-Rouge, mais elle peut fort bien ne
pas se confiner dans un cercle aussi étroit, et
si elle éprouve le besoin d'un supplément de
labeurs pour lutter contre le désœuvrement,
elle en trouvera sans peine. Ne serait-ce pas,
par exemple, une excellente chose à lui con-
seiller, ou plutôt une recommandation pres-
sante à lui faire, que de dresser un plan de
mobilisation pour la cohorte des secoureurs
volontaires, afin qu'au début d'une campagne
tout se trouvât réglementé d'avance, la part
de l'imprévu réduite à son minimum, les
ressources disponibles utilisables sans retard,
sans indécision, sans conflits? Au reste, cette
idée est trop naturelle, pour qu'on ne se soit
pas préoccupé déjà de sa réalisation dans plus
d'un pays.

Ainsi donc, au sein du calme le plus profond, antérieurement à tout litige international, la Croix-Rouge a des devoirs positifs à remplir, et ces devoirs découlent d'une vérité maîtresse, formulée avec autorité dans cet aphorisme de Miss Nightingale : « Si vous voulez vous préparer à bien soigner les malades et les blessés de vos armées, étudiez-en bien les moyens. »

A plus forte raison la Croix-Rouge ne doit-elle pas rester passive quand elle a déjà reçu le baptême du feu, car la guerre, après l'avoir mise à contribution, lui lègue invariablement une tâche réparatrice, obscure mais capable de la captiver pendant de longues années. L'assistance des invalides n'apparaît-elle pas, en effet, comme la continuation des soins dont on les a entourés alors qu'ils étaient dans la période aiguë de leurs souffrances ? Et cela n'explique-t-il pas pourquoi, malgré l'existence de nombreuses fondations en faveur des anciens militaires devenus infirmes ou impotents, les sociétés de secours ont mis souvent cette application de la charité dans leur programme ? Parfois leurs alloca-

tions s'étendent aux veuves et aux orphelins
des soldats morts pour la patrie. Il n'est pas
rare non plus que l'on donne aux amputés et
aux mutilés des membres artificiels ou d'autres appareils capables d'alléger leur infortune, et certes personne ne contestera que les
sommes qu'on y consacre ne soient de l'argent bien employé.

Ce qu'on a appelé « l'Œuvre des tombes »,
est propre à fournir à la Croix-Rouge un de
ces passe-temps paisibles, auxquels elle peut
s'adonner après avoir mené la vie agitée des
camps. A la suite de la guerre franco-allemande, les belligérants ayant tenu l'un et
l'autre à honorer, par l'érection de monuments
funéraires, la mémoire de leurs champions
décédés à l'étranger, ce soin pieux fut laissé
aux sociétés de secours, qui s'en acquittèrent
à la satisfaction de milliers de familles en
deuil.

A la même époque, on a vu la Société ba-
varoise se livrer, pendant près de deux ans,
à des recherches minutieuses pour retrouver
la trace des hommes disparus. On sait tout
ce qu'engendre de douloureuses incertitudes,
de complications domestiques et autres, l'ab-

sence indéfinie des hommes qui, après une
bataille, ne répondent plus à l'appel, san
qu'on puisse dire ce qu'ils sont devenus. Aussi
est-ce un service inestimable à rendre à leurs
parents, que de dissiper les doutes qui planent
sur leur sort, et la Croix-Rouge doit saisir
avidement, à l'occasion, ce moyen de se rendre utile.

Quelques sociétés, craignant que les travaux que nous venons d'énumérer, comme
leur revenant de droit, ne fussent pas un
aliment assez substantiel pour entretenir leur
vitalité, se sont créées des intérêts en dehors
du cadre de la philanthropie militaire. Elles
ont jeté leur dévolu sur les grandes calamités
publiques, au sein desquelles il leur a paru
qu'elles pourraient exercer et faire valoir des
aptitudes identiques à celles qu'elles sont
tenues d'acquérir pour les déployer en cas de
guerre. Maintes fois déjà, mues par cette
pensée, elles ont volé au secours des victimes
de disettes, d'épidémies, de naufrages, d'incen-
dies, de tremblements de terre et d'autres désastres. Ce sont celles de Russie, d'Allemagne,
de Grèce et de Turquie, qui se sont le mieux

montrées sous ce rapport, sans se dissimuler
qu'en prenant cette attitude elles se plaçaient
momentanément en dehors de leur sphère
normale, et que, dans ces circonstances exceptionnelles, elles n'étaient pas fondées à réclamer le concours des associations étrangères.

En se faisant ainsi toute à tous, la Croix-
Rouge obtient plus de notoriété et se con-
cilie plus d'amis encore que lorsqu'elle ne
s'occupe que des militaires blessés; mais il est
permis de se demander si, d'autre part, il n'y
a pas à cela quelque inconvénient. Abriter,
sous un drapeau qui a une signification légale,
déterminée par la Convention de Genève, des
entreprises différentes de celles pour lesquelles
il a été réservé, c'est incontestablement en
abuser. N'est-il pas à craindre que, si l'on
prend cette habitude, à la faveur d'une tolérance excusable en temps de paix, on y re-
nonce difficilement en temps de guerre, alors
que cette licence acquiert une réelle gravité?
On devrait tendre plutôt à réagir contre le
penchant à prodiguer la Croix-Rouge, penchant
qui a soulevé tant de récriminations, et les
sociétés de secours feraient peut-être mieux
de ne pas le favoriser en y cédant elles-mêmes.

B. PÉRIODES DE GUERRE

Nous touchons enfin à la partie la plus captivante de cette étude, à celle tout au moins qui fournira le meilleur critère pour apprécier la valeur sociale de la Croix-Rouge. On y pourra juger l'arbre à ses fruits.

Nous avons lieu d'espérer que le lecteur en tirera une conclusion favorable. Nous ne chercherons pas, pourtant, à l'influencer par des descriptions émouvantes. Quoique le sujet y prête, ce n'est point par le côté dramatique que nous l'aborderons. Nous laisserons à d'autres le soin de porter la conviction dans les âmes sensibles, au moyen de la peinture animée de scènes touchantes ou terribles, à l'aide de tableaux poétiques ou réalistes, pour lesquels la guerre et la Croix-Rouge offrent une mine féconde à exploiter. Nos visées sont moins hautes. Nous voulons raconter simplement ce qui s'est passé, sans nous arrêter aux détails, avec lesquels nous n'en finirions pas et que les curieux peuvent aller puiser dans les bibliothèques. Ce à quoi nous nous atta-

cherons, ce sera à esquisser à larges traits
l'ensemble des faits, en les présentant dans un
cadre qui en fasse ressortir les grandes lignes.

Nous serons cependant forcé de fractionner
notre narration en autant de fragments qu'il
y a eu de guerres, car chacune de celles-ci
forme un tout bien défini, et possède une physionomie propre qui demande à être mise en
relief. En outre, pour une même campagne,
les belligérants ne se sont pas trouvés ordinairement dans des situations identiques ; les
neutres non plus ; il faut donc les envisager
séparément les uns des autres, si l'on tient à
discerner ce qui constitue l'originalité ou le
cachet distinctif de l'œuvre de chacun.

La Croix-Rouge — et il est bien entendu
que c'est d'elle seulement que nous nous occupons — a révélé sa présence par des bienfaits dus tantôt aux sociétés de secours, tantôt
à la Convention de Genève, et les blessés ont
éprouvé l'influence combinée de ces deux
facteurs. Mais ici nous trouvons préférable
d'analyser le phénomène, de manière à établir la part de mérite qui revient soit à l'un,
soit à l'autre des éléments, d'ailleurs hétéro-
gènes, de ce dualisme charitable.

I. LES SOCIÉTÉS DE SECOURS

Guerre de 1864, dans les duchés de l'Elbe

Au moment où cette guerre éclata, la Convention de Genève n'existait pas encore. La Conférence de 1863 venait à peine de se clore. Quoiqu'elle eût posé les bases des sociétés, ses Résolutions n'avaient pas eu le temps de passer à l'état de faits accomplis. Le jeu des secours libres était absolument défectueux ; aussi le concours qu'ils prêtèrent aux ambulances militaires mérite-t-il à peine d'être signalé.

Cependant il faut reconnaître qu'on a montré beaucoup de zèle et de dévouement, pendant cette campagne, pour secourir les blessés. Ce n'était qu'un essai, mais, en le comparant à ce qui s'était vu dans les guerres antérieures, il est impossible de ne pas être frappé des sacrifices relativement considérables que s'imposèrent les populations, et surtout du chemin qu'avaient déjà fait, dans

les esprits et dans les cœurs, les principes
proclamés quelques mois auparavant.

Malheureusement, les comités d'alors n'é-
taient pas reliés les uns aux autres ; chacun
d'eux jouissait d'une pleine indépendance
dans son isolement. L'action commune faisant défaut, tous les résultats désirables ne
s'obtinrent pas.

La Société prussienne et la Société wurtem-
bergeoise sont les seules, de celles issues de
la Conférence de Genève, qui se soient trouvées en mesure, dès cette époque, de paraître
sur les champs de bataille, et encore n'ont-
elles pas pu y rendre des services bien écla-
tants. La Société prussienne ne dépensa que
8000 thalers (fr. 30,000), plus une certaine
quantité d'objets usuels qu'elle distribua. Elle
n'arbora même pas la Croix-Rouge, laquelle
ne parut qu'au bras de deux délégués du
Comité international, envoyés pour observer
la condition des blessés, et dont les rapports
démontrèrent victorieusement l'opportunité
des innovations résolues à Genève.

Les leçons du Schlesswig ne furent pas
perdues. Non-seulement elles devinrent le
point de départ de progrès réels, mais encore

elles fournirent de précieux et irréfutables arguments, contre ceux qui traitaient l'entreprise de chimère ou d'utopie.

Guerre de 1866, en Autriche, en Italie et en Allemagne.

L'année 1866 trouva l'Europe beaucoup mieux préparée.

L'AUTRICHE, qui ne s'était pas encore ralliée à la Croix-Rouge, n'eut pas moins pitié des pauvres blessés, et fit de louables efforts en leur faveur ; mais, comme en 1864, il n'y eut pas de centralisation ; les comités provinciaux agirent séparément, et, par ce manque d'unité, leurs bonnes intentions furent paralysées en partie. Les cinq provinces qui rapportèrent le plus réunirent 843,800 florins (2,170,000 fr. environ), non compris le matériel, qui fut très abondant. — L'Autriche se signala aussi par la création d'un bureau de correspondance. Cette institution, dont on fut redevable à l'initiative privée, mérite de grands éloges, car la réalisation d'un pareil projet rencontrait des difficultés exceptionnelles, en raison de la diversité des peuples qui composent la monarchie austro-hongroise. Le bureau correspondait avec les familles des soldats en onze langues différentes.

L'ITALIE, elle aussi, remplit son devoir. Non-seulement les sociétés qu'elle possédait s'unirent pour une action commune, mais encore elles furent secondées par quelques amis de France et de Suisse. C'est le premier exemple que nous rencontrions de l'intervention des neutres ; pour la première fois des nations non belligérantes se sont ostensiblement employées au soulagement des misères qui affligeaient les pays voisins.

Indépendamment de cette aide étrangère, l'Italie fit beaucoup par elle-même. Dès le début de la guerre il s'y forma 14 comités, qui reconnurent celui de Milan pour comité central. On mit sur pied 4 escouades de volontaires civils, composées chacune de 11 personnes ; elles devaient suivre les ambulances officielles, dont les voitures étaient à leurs ordres. Le Comité de Milan renforça ainsi l'effectif sanitaire de l'armée, et il gratifia l'intendance de beaucoup de subsides en nature.

En même temps, il pourvoyait de charpie et de bandes pour pansements les corps-francs qui devaient opérer dans le Tyrol. Il secourut aussi les blessés de la marine. L'armistice signé, le Comité central s'occupa, de concert avec celui de Pérouse, des soins à donner aux infirmes et aux amputés, et il eut le bonheur de pouvoir satisfaire à toutes les demandes.

Le Comité de Milan avait donc bien mérité de la patrie, et compàti à tous les genres d'infortune. Lorsqu'il se vit dans la nécessité de recourir à des souscriptions, la bienfaisance publique répondit dignement à sa voix; les Italiens ne lui marchandèrent pas leurs dons. Le Comité central eut à sa disposition un total de Fr. 199,064.

Ce fut surtout l'ALLEMAGNE, partagée entre les deux camps, qui se distingua par sa libéralité et son savoir-faire. Depuis longtemps, dans ce pays, la question avait été posée, et résolue d'une manière à peu près satisfaisante. Les sociétés allemandes avaient profité des loisirs de la paix pour se préparer; l'étendue et l'importance de leur rôle apparaîtront par quelques chiffres. L'argent affluait au siège du Comité de Berlin ; la somme souscrite par les huit provinces de la Prusse s'éleva à quatre millions de thalers, soit quinze millions de francs. Les autres Etats de l'Allemagne imitèrent ce bel exemple. Parmi les comités relevant de la Croix-Rouge, celui de Hambourg reçut Fr. 165,000 en argent et Fr. 50,000 en approvisionnements; celui de la Hesse grand-ducale Fr. 110,000; le Wurtemberg a contribué pour Fr. 145,000, le Mecklembourg-Schwerin pour Fr. 93,500, et Oldenbourg pour Fr. 52,000. Afin de donner une idée de l'activité qui a été déployée, nous décrirons les services organisés par la Société prussienne, à laquelle toutes les autres ressemblèrent du plus au moins.

De vastes locaux avaient été aménagés à Berlin et dans les provinces, pour recevoir les provisions de toute sorte ; un personnel nombreux et assidu les triait, les emballait et les expédiait sans relâche. Dans les moments critiques, le dépôt central compta 200 employés salariés, secondés par des aides volontaires et par 250 dames ou demoiselles. Des trains de chemins de fer emportaient ce matériel partout où besoin était. On a cité l'un de ces trains formé de 26 voitures, et chargé de 2000 quintaux d'objets divers, pour une valeur de 80,000 thalers. Dans aucune guerre antérieure la charité n'avait accompli de pareils prodiges.

Mais le Comité ne se borna pas à cela. Sa sollicitude lui inspira l'heureuse idée d'établir, sur le passage des convois de blessés, des stations dites de rafraîchissement, où l'on retenait les malheureux qui ne pouvaient pas continuer le voyage, et où l'on réconfortait ceux qui se trouvaient en état d'aller jusqu'à leur destination. La station de Pardubitz, l'une des plus fréquentées, nourrit et soigna 600 à 800 hommes par jour durant deux mois entiers, et en logea jusqu'à 300 par nuit. Cet exemple témoigne des résultats vraiment extraordinaires auxquels peut atteindre un dévouement intelligent.

Bientôt un terrible fléau se déclara dans l'armée et vint décimer ses rangs : le choléra fit des ravages parmi les soldats que la mitraille avait épargnés. Cette nouvelle calamité compliqua le travail ; mais plus le danger était pressant, plus le Comité déployait de zèle, et il se montra toujours à la hauteur de sa tâche.

Il prit des mesures propres à arrêter la contagion ; pour conjurer l'épidémie, il prodigua les médicaments, les matières préservatrices et les désinfectants. Il y consacra une somme de 40,000 thalers. A Berlin même il édifia des lazarets, admirables sous tous les rapports : salubrité parfaite, soins assidus, installation confortable, rien ne fut négligé pour procurer aux malades le bien-être qui leur était nécessaire.

Le Comité prussien, après s'être acquis tant de titres à la reconnaissance de l'armée nationale, aurait cru déroger au plus élémentaire de ses devoirs, et faire preuve d'un égoïsme indigne de la belle cause qu'il servait, en n'allant pas plus loin. Il assista les blessés autrichiens, et les entoura, comme ses compatriotes, d'une touchante sollicitude. Cette générosité fait d'autant plus d'honneur au Comité de Berlin, que le nombre des Autrichiens mis hors de combat était considérable, et que les Prussiens n'avaient pas à espérer qu'on leur rendît la pareille, l'Autriche n'ayant pas adhéré à la Convention de Genève.

Si nous ne parlons pas d'associations multiples qui agirent isolément, quoique dans le même sens et le même esprit que le Comité de Berlin, c'est qu'elles n'avaient de commun avec la Croix-Rouge que leur but, et ne se rattachaient à aucun de ses comités centraux.

Le gouvernement prussien, extrèmement favorable à ses auxiliaires bénévoles, leur prêta un appui des plus précieux, d'abord en leur accordant maintes franchises (franchise postale et télégraphique, gratuité des transports, exemption des droits de douane, etc.), puis en désignant un commissaire, chargé de veiller à la bonne répartition des secours, et de coordonner l'action de tant de comités divers.

Ainsi donc tout le monde rivalisa d'ardeur. Bien des épreuves furent adoucies, bien des plaies cicatrisées, bien des souffrances calmées. Et assurément il ne fallait pas moins d'abnégation, ni moins de sacrifices, pour conserver tant de vies mises en danger par les luttes de Custozza, de Langensalza, de Sadowa, et par les autres combats de cette courte mais sanglante campagne.

Guerre de 1870-71, en France.

Nous voici arrivé à la guerre franco-allemande. C'est là que les sociétés mirent en
jeu toutes leurs forces vives, et luttèrent avec
une énergie exemplaire. En 1870 elles pouvaient, mieux que précédemment, opposer
les armes de la charité à celles de la violence,
et faire une rude guerre à la guerre elle-
même. Après avoir passé par un utile apprentissage, elles avaient mis à profit les expériences du passé.

Bien d'autres circonstances avaient poussé
l'œuvre dans la voie du progrès. — Sa littérature s'était développée et enrichie pendant
cette période. — La grande exposition de
Paris, où elle produisit au grand jour son
outillage, avait éveillé l'attention publique
et donné naissance à d'ingénieuses inventions. — Les deux conférences internationales de Paris et de Berlin, en établissant
d'étroites relations entre les divers comités,
leur avaient communiqué une nouvelle ardeur et une émulation qui devait porter les
meilleurs fruits. — Enfin, dix associations

s'étaient formées depuis 1866, et ainsi s'était accru le nombre des adhérents de la Croix-Rouge. — Tout cela devait être rappelé, pour expliquer le grand rôle que les sociétés ont joué pendant la guerre de 1870-1871.

ALLEMAGNE. — La Croix-Rouge avait acquis en Allemagne une telle notoriété, et son organisation y était si forte, qu'au premier signal des comités surgirent de tous les points du territoire; leur réseau couvrit le pays dans toutes les directions; il y en eut plus de 2000. Tandis que les comités centraux de la plupart des Etats germaniques s'occupaient spécialement de leurs nationaux, le Comité prussien avait cru devoir mettre tous les Allemands au bénéfice de ses ressources; cette résolution lui fit honneur, et fortifia l'étroite solidarité dont la Prusse devait bénéficier plus tard. Il existait en outre à Berlin, depuis 1869, un comité supérieur pour toute l'Allemagne, qui favorisait la centralisation. Au-dessus des comités centraux, il s'était constitué un état-major, formé des chevaliers de St-Jean de Jérusalem, sous le commandement du prince de Pless; la direction générale lui appartenait, et il servait d'intermédiaire entre les comités et l'autorité militaire. Chacun des délégués de cet ordre avait des attributions nettement définies ; de cette façon tout se fit avec autant de régularité et de précision que possible. On était redevable à l'Etat de la franchise postale et télégraphique, mais ces deux services fonctionnèrent avec lenteur et irrégularité, vu la multiplicité des lettres et des dépêches.

Une fois l'administration ainsi établie sur un bon pied, il fallut songer à se procurer des moyens d'action. Les comités, qu'ils fussent composés d'hommes ou de femmes, firent de pressants appels à la bienfaisance individuelle et recueillirent, suivant les indications du Comité central, soit de l'argent, soit des choses utilisables de tout genre. On ne se borna pas à lever ainsi sur place des contributions volontaires ; on s'adressa encore aux Allemands résidant à l'étranger. Ceux-ci répondirent à la voix de la mère-patrie ; des sommes importantes arrivèrent des Indes, du Japon, de l'Australie, et surtout de l'Amérique du Nord.

Grâce à ces libéralités, on put réunir un bel assortiment de matériel, classé et arrangé dans

les bureaux des comités. Des délégués, répartis
dans les différentes provinces, stimulaient les
retardataires, et tenaient l'autorité centrale
au courant de ce qui se faisait dans leurs
circonscriptions respectives. Leurs renseignements permettaient de régler l'expédition de
ce qui manquait aux dépôts de l'Etat. Ce trafic
aurait occasionné de très fortes dépenses, si
l'on n'avait obtenu la gratuité des transports.
Ce qu'on ne put éviter, ce fut l'encombrement
des voies ferrées ; les caisses et les ballots sé-
journaient parfois très longtemps dans les
gares, si même ils n'étaient pas détournés
de leur destination. Aussi les comités prirent-
ils peu à peu des précautions pour éviter ces
retards et ces erreurs fâcheuses ; ils eurent
des convoyeurs à leur solde, chargés de
presser et de surveiller l'arrivée des colis à
bon port. Puis, les troupes allemandes s'éloi-
gnant graduellement de leur point de départ,
les obstacles allèrent en se multipliant ; il fallut créer de nouveaux dépôts, exercer une
surveillance plus active, agir avec plus de
célérité et une plus minutieuse exactitude,
afin d'éviter les confusions. Les comités ne
reculèrent pas devant la tâche véritablement

écrasante qui leur fut imposée. On peut en juger par l'énumération des diverses catégories de
choses entassées dans leurs magasins. Il y en
avait tant, qu'on se vit obligé d'avoir recours
à des subdivisions pour s'y reconnaître. Le
grand dépôt central comprenait sept sections :
campement, vêtements, pansement, instruments et appareils chirurgicaux, médicaments
et désinfectants, aliments et tabac, installation des hôpitaux.

Le succès avait donc dépassé les prévisions
les plus optimistes. Les rapports qui ont été
publiés ne fournissent pas des données assez
complètes, pour permettre de dresser avec
exactitude la statistique générale des offrandes ;
mais ce qu'il y a de certain, c'est que les valeurs mises à la disposition des comités s'élevèrent à un total vraiment fabuleux. La recette
du Comité central allemand, pour ne parler
que de lui, a été de 18,686,273 thalers, soit
plus de soixante-dix millions de francs ! Cette
expérience décisive a réduit à néant les crain-
tes que l'on exprimait en 1863, sur la difficulté de se procurer les fonds nécessaires.
Aujourd'hui il n'y a plus d'inquiétude à avoir
sous ce rapport, puisque, même après le

drame long et sanglant de 1870-1871, toutes
les sociétés ont soldé leurs comptes par des
reliquats inattendus.

A l'envoi d'articles sanitaires l'Allemagne
ajouta celui d'un personnel, pour suppléer à
l'insuffisance numérique des médecins et des
infirmiers officiels. On organisa çà et là des
secoureurs par escouades, et, quand ils furent
prêts, on les fit partir pour rejoindre l'armée ;
ils trouvèrent tous à s'y employer. Leur besogne fut parfois bien pénible et bien répu-
gnante ; on alla jusqu'à les charger d'enterrer
les morts ; mais ils étaient soutenus par la
conscience du devoir et par un zèle infati-
gable. Aussi lorsque, comme à Gravelotte,
ils ne purent arriver à temps, leur absence
fut-elle très regrettée. A Sulz, de même, il se
produisit un fait douloureux : les blessés res-
tèrent pendant trois jours absolument délais-
sés sur le lieu du combat, exposés au froid et
à la pluie ; plusieurs centaines de personnes,
accourues d'au-delà du Rhin, les trouvèrent
dans un état déplorable. Les volontaires étaient
placés habituellement dans les ambulances de
réserve ; cependant ils furent quelquefois ac-
cueillis avec reconnaissance sur les champs

de bataille. Beaucoup de femmes aussi trouvèrent à se caser, soit dans les ambulances fixes, soit dans les hôpitaux.

Il eût été absurde de lancer à la suite des combattants ces gens dévoués, mais dont la plupart étaient complètement ignorants de ce que comporte le soin des malades, sans leur donner quelques directions pratiques. Un enseignement *ad hoc* fut donc institué dans plusieurs villes d'Allemagne, enseignement un peu superficiel et expéditif, sans doute, mais pourtant propre à parer, dans une mesure appréciable, à l'incapacité des individus qui s'enrôlaient comme infirmiers.

Mais que faire de ces myriades de blessés qui jonchaient le sol sur le lieu des combats ? Chacun sentait tout ce qu'aurait de fatal leur séjour prolongé dans les ambulances, où leur accumulation était d'ailleurs fort embarrassante. Ce fut, pour les sociétés allemandes, l'occasion de créer un service d'évacuations. Cette innovation est le trait le plus caractéristique de leur œuvre en 1870. On vit alors, pour la première fois en Europe, des trains de chemins de fer admirablement appropriés au transport des blessés : c'étaient de véritables hôpitaux ambulants. Le duché de Bade, la Bavière, le Wurtemberg, la Prusse, rivalisèrent d'ingéniosité dans l'agencement de ces wagons, qui circulaient en tous sens avec la plus grande régularité, et transportaient jusqu'à 900 hommes dans un seul voyage.

Pour apprécier ce service à sa juste valeur, il faut se rendre compte des sérieuses difficultés qu'il résout, et des graves inconvénients auxquels il remédie. — D'abord, rien n'est plus pernicieux que l'agglomération des malades et des blessés dans un même lieu ; l'atmosphère infectée dans laquelle ils vivent ne fait qu'aggraver leur état ; en outre, plus ils restent rapprochés de la lutte, plus ils sont exposés à être privés de soins éclairés et assidus. Il ne peut pas en être autrement : le nombre des médecins et des infirmiers est beaucoup trop faible, en première ligne, pour secourir toutes les victimes d'un engagement sérieux et bander toutes les plaies. Eloigner promptement les blessés du centre de l'action, et les disperser dans des localités à l'abri de l'invasion, est donc une opération capitale ; mais il faut employer pour cela des moyens convenables, dont les malades n'aient pas à souffrir, et

qui leur permettent de supporter le trajet sans
péril. Les trains disposés à cet effet remplis-
saient parfaitement les conditions requises et
conciliaient la rapidité de la marche avec la
douceur de la traction. Ces véhicules furent
donc utilisés sur une vaste échelle, et leur
essai couronné d'un plein succès.

Quelque bien entendu que fût ce système,
les comités ne se tinrent pour satisfaits que
lorsqu'ils l'eurent complété par des stations
de rafraîchissement, où, sur le parcours des
trains, les blessés faisaient des haltes plus ou
moins prolongées. De plus, tout le long de
la voie, à partir des ambulances jusqu'aux hôpitaux de réserve, on échelonna des lazarets,
pour recueillir les individus dont les forces
défaillaient. Ces établissements furent multipliés à l'infini; on chercha à les rendre aussi
confortables que possible, pour recevoir les
malades en attendant que ceux-ci fussent
assez bien pour se remettre en route.

Dans chaque lieu d'arrêt de quelque importance on créa, pour les soldats qui décidé-
ment ne pouvaient pas sans danger être conduits plus loin, des hôpitaux, où ils étaient
gardés jusqu'à leur guérison. L'installation

des blessés y fut admirablement entendue. A côté des soins donnés à leur corps, on songea aussi à leur âme : des aumôniers, attachés à ces établissements, apportaient aux pauvres malades, abattus ou découragés, des paroles de consolation et d'espérance, et leur témoignaient une vraie sympathie, bien précieuse pour des hommes séparés depuis longtemps de tous ceux qui leur étaient chers. Afin de les distraire, et de les instruire en même temps, on fit circuler parmi eux des livres intéressants ; la lecture leur permit de mieux supporter ces longues journées d'inaction, souvent aussi de surmonter les tristes pensées qui devaient obséder leur esprit. Enfin, l'on créa plusieurs bureaux de renseignements, et l'on facilita la correspondance des blessés avec leurs parents ou leurs amis.

Comme on le comprend, les sociétés de secours avaient dû déployer une activité dévorante pour obtenir des résultats aussi réjouissants. Mais ce n'est pas tout. On ne se résigna pas à abandonner à eux-mêmes les infirmes qui sortaient des hôpitaux, non plus que ceux dont la santé ne s'y était pas parfaitement rétablie. Des stations thermales furent disposées pour les recevoir. La plus importante fut celle de Baden-Baden, qui revêtit un caractère international, et où l'on admit indistinctement les soldats allemands et français. Les officiers, dont la santé ébranlée réclamait une douce température et un climat plus chaud que celui de l'Allemagne, furent hébergés dans les pays méridionaux où, sous un ciel clément, ils réparèrent leurs forces et obtinrent une guérison plus prompte ou plus complète.

Si la Croix-Rouge ne poussa pas plus loin sa sollicitude envers les invalides, c'est qu'une institution spécialement consacrée à cette catégorie d'infortunés prit naissance pendant la guerre même. Nous voulons parler de la grande « Fondation Guillaume », dont le Comité de Berlin eut la gestion provisoire.

Pour couronner dignement la mission qu'elles s'étaient imposée, les sociétés se signalèrent par un dernier acte de bienfaisance. Beaucoup d'hommes de la landwehr, appelés sous les drapeaux, ne pouvaient, pendant la durée de leur service, subvenir à l'entretien de leur famille, qui, privée de toute ressource, se trouvait dans le dénuement. La Croix-Rouge vint en aide à ces nécessiteux.

FRANCE. — Après avoir fixé nos regards sur l'Allemagne et rendu hommage à ses sociétés, passons maintenant à la France, où nous assisterons à un spectacle sensiblement différent de celui qui vient de se dérouler sous nos yeux. En France, l'œuvre ne nous offre pas le même caractère ; nous n'y retrouvons plus, malgré l'unité politique, la forte organisation de l'Allemagne, et, avec le pays, tout change de physionomie.

Tandis que les comités de Berlin et des autres capitales d'outre-Rhin étaient depuis longtemps sur le qui-vive quand la guerre éclata, la Société française, quoique fondée depuis l'année 1864, existait à peine ; elle n'avait ni personnel, ni matériel, ni argent. Le Comité central de Paris dut tout improviser, mais il n'en eut que plus de mérite à surmonter les obstacles qui se dressaient devant lui. Il fit des prodiges de valeur, ne négligeant rien pour réparer le temps perdu et se procurer les moyens de lutter avec succès contre le fléau destructeur. On fit jouer tous les ressorts de la publicité ; la charité publique fut sollicitée de toutes manières. Ces appels pressants trouvèrent de l'écho dans l'âme des Français ;

— 115 —

chacun voulut contribuer pour sa part au soulagement des blessés, chacun voulut payer de sa bourse ou de sa personne. En un clin d'œil arrivèrent des dons de toute sorte, et l'or afflua dans les caisses de la Société. Pour simplifier sa tâche et tenir compte des aptitudes particulières de ses membres, elle divisa le travail, et obtint ainsi des résultats vraiment grandioses. Un mois suffit pour équiper 17 ambulances de campagne, qui allèrent aussitôt rejoindre les défenseurs du pays et les accompagnèrent jusqu'à Sedan. A Paris même, des ambulances fixes furent logées dans les gares des chemins de fer, pour recueillir les blessés qu'on évacuait des champs de bataille. On ouvrit aussi un bureau de renseignements pour les familles des soldats.

L'imminence du siège de la capitale porta bientôt le trouble dans cette administration. La Société se trouva dans le plus grand embarras, et craignit un moment de se voir réduite à l'impuissance. Comment donc ferait-elle pour communiquer à l'avenir avec les personnes qu'elle avait dirigées vers l'armée? Le temps pressait, et le cercle de fer qui devait envelopper Paris se resserrait tous les jours. Dans ces conjonctures critiques, le Comité central délégua à Bruxelles une commission, chargée de diriger et de soutenir les ambulances volantes déjà en fonction ; il fit partir en même temps pour la province neuf de ses membres, munis de pleins pouvoirs, chacun dans une région différente. Ces représentants du Comité central eurent pour mission de ranimer l'initiative individuelle, de susciter la création de nouvelles ambulances, d'activer et de diriger le mouvement qu'ils auraient ainsi provoqué. Quant au Comité lui-même, il restait dans la ville assiégée, et se préparait résolument à tenir tête à toutes les calamités qui allaient fondre sur ce centre populeux.

En effet, quoique le Comité central n'eût pas devant lui un champ d'action aussi vaste que dans la période précédente, il allait se trouver en face de bien des souffrances. Son énergie fut, on peut le dire, à la hauteur des événements : il monta 5 grandes ambulances fixes, et d'autres volantes pour escorter la garnison dans ses sorties ; 350 locaux hospitaliers furent placés sous sa direction et sa protection. Au surplus, il n'était pas seul sur la brèche ; dans maintes ambulances, qui ne relevaient pas de lui, on rivalisait de zèle avec ses employés.

Dans les départements, le réveil se propagea d'une manière fort inégale, selon les lieux et les moments ; en somme, l'élan n'y fut pas aussi général qu'en Allemagne. Le Midi, en particulier, se montra moins empressé que le Nord, et ne paya qu'un peu tardivement son tribut. Il y eut pourtant d'honorables exceptions, et il serait aisé de nommer telles cités comprises dans cette zone, où, bien avant le 4 septembre, des dames, groupées spontanément en comités, avaient beaucoup travaillé de leurs mains et réuni de fortes sommes ; malheureusement, l'ingérence de l'autorité préfectorale paralysa ces généreuses tentatives. C'est en majeure partie à cette pression inopportune du gouvernement qu'il faut attribuer la stérilité relative des efforts des Méridionaux.

Ce fut surtout depuis l'investissement de Paris, que les départements situés au sud de la Loire, stimulés par les délégués du Comité central, s'émurent, car on ne pouvait plus compter sur le concours de l'Etat, tout préoccupé alors de la formation de nouvelles

armées. Sous l'empire de cette nécessité, le
sentiment populaire se manifesta d'une manière éclatante. Il fallait doter d'un service
sanitaire les troupes fraîches levées à la hâte.
Aussitôt de nombreuses ambulances mobiles
se formèrent et partirent à la suite des régiments. Citons entre autres celles du Bour-
bonnais, de Saône-et-Loire, de Lyon, de
St-Etienne, du Midi, de la Gironde, de la
Côte-d'Or, du Dauphiné, etc. Une fois l'impulsion donnée, on ne s'en tint pas là : on
prit des mesures pour recueillir les blessés
évacués du Nord de la France, soit en leur
facilitant l'accès des hôpitaux existants, soit
en improvisant des lazarets dans les gares
intermédiaires. Il est probable toutefois que,
dans des conditions plus favorables, on aurait
pu obtenir de meilleurs résultats que ceux que
l'on eut à constater. L'impuissance de l'Etat
à seconder les comités de secours, la rupture
des communications avec le Comité central,
le défaut d'entente avec les autorités militaires,
l'ignorance du peuple à l'égard de la Croix-
Rouge, les terribles désastres qui, se succédant rapidement, mettaient le désarroi dans
toutes les administrations et dans tous les

esprits, constituèrent un ensemble de circonstances malheureuses, qui rehausse la valeur
des bienfaits répandus et donne la clef de
bien des déficits.

L'armistice signé, la Société française ne
crut pas devoir se reposer sur ses lauriers.
C'est qu'en effet il lui restait encore une
grande tâche à accomplir; et elle ne voulut
pas déserter son poste avant de s'être acquittée
de sa mission jusqu'au bout. Pendant le siège
de Paris, un nombre immense de blessés et
de malades s'étaient entassés dans cette ville,
relégués dans des locaux trop étroits et mal-
sains, et la disette des derniers jours du siège
avait sensiblement aggravé leur état ; dès que
la chose fut possible, la Croix-Rouge, d'accord
avec les autorités prussiennes, en fit évacuer
10,000. Elle n'oublia pas non plus les blessés
prisonniers en Allemagne, et en ramena en
France près de 9000.

La Société française n'aurait pu faire face à
tant d'exigences, si elle n'avait été généreuse-
ment soutenue par ceux qui s'intéressaient à
elle. Le compte dressé par la Commission des
finances accuse une recette de Fr. 10,521,125,
mais, pour évaluer les dons de provenance

française, il faudrait, d'une part, défalquer de
ce chiffre des subventions fournies par les
étrangers, et, d'autre part, y ajouter les
recettes particulières des Comités section-
naires, notamment de ceux des grandes villes,
telles que Lyon, Bordeaux, Marseille, etc , qui,
par suite du blocus de Paris, furent appelés à
agir d'une manière indépendante.

Les dépenses du Comité central se sont
élevées à Fr. 7,741,086. On a calculé qu'elles
ont servi au soulagement d'environ 110,000
hommes, dont 25,000 ont été soignés directement par les agents de la Société, et 85,000
dans des ambulances aux frais desquelles la
Société a contribué partiellement ; mais dans
ces calculs, comme dans celui des recettes,
l'œuvre départementale n'est pas comprise.

NEUTRES. — Les lignes qui précèdent
donnent déjà une idée de ce qu'ont fait les
sociétés de secours pendant la campagne de
1870-1871 ; elles attestent leur haute utilité,
et pourtant nous n'avons pas encore épuisé la
liste de leurs exploits. Le rôle joué par les belligérants, dans cette croisade d'une nouvelle
espèce, n'a pas seul fait diversion au spectacle

pénible qu'offrait le duel à mort de deux peuples acharnés l'un contre l'autre. Tandis que la France et l'Allemagne se heurtaient avec fureur, les pays neutres s'unissaient pour venir en aide aux victimes de la guerre. La Conférence de 1863 avait bien auguré des sentiments qui animeraient les nations spectatrices d'une querelle, lorsqu'elle avait établi que les comités des pays ennemis pourraient solliciter le concours de ceux des pays neutres. Quelques années plus tard, lors de la Conférence de Berlin, on avait essayé de régulariser jusqu'à un certain point cette intervention, en chargeant le Comité international d'ouvrir, le cas échéant, à proximité des opérations militaires, un bureau de correspondance et de renseignements, destiné à faciliter l'échange des communications et à prévenir les doubles emplois.

En vertu de cette décision, « l'Agence internationale » de Bâle fut établie, par les Genevois, au mois de juillet 1870, et fonctionna jusqu'à la paix. Assurément tout ce qu'ont fourni les neutres n'a pas figuré sur ses livres, car la voie de Bâle ne pouvait convenir à tous les expéditeurs ; puis, quelques-uns de ceux-ci

6

ont mieux aimé ne pas recourir à un intermédiaire. Néanmoins cette Agence, qui eut
jusqu'à 40 employés à la fois, fut extrêmement appréciée. On ne lui demanda pas
seulement des conseils et des directions, on
la chargea encore de répartir les offrandes
comme elle le jugerait convenable, ensorte
qu'elle se transforma en une vaste maison de
commission, et dut faire des achats avec l'argent qu'on lui confiait. La Suède, la Norwège,
l'Espagne, l'Italie et la Suisse, firent passer
par ses mains des secours de tout genre pour
les blessés des deux armées ; puis, indépendamment des comités centraux, beaucoup de
particuliers eurent recours à ses bons offices.
Les sommes recueillies par l'Agence formèrent un total de Fr. 650,000, et les dons
en nature ont été estimés à une valeur au
moins égale. Il va sans dire que tout cela a
été distribué correctement, c'est-à-dire avec
une impartialité absolue. Un détail qui témoigne de la confiance qu'inspirait l'équité
du Comité international, c'est que, sur la liste
de ses donateurs, il a pu inscrire le Comité
de Berlin pour Fr. 30,000 et celui de Paris
pour Fr. 20,000.

Tout en répondant de leur mieux aux appels qui leur étaient adressés, le Comité de Genève et ses habiles agents de Bâle se refusèrent positivement à assister des hommes valides, et s'imposèrent la règle stricte, que s'abstinrent pas tous les comités allemands

de ne venir en aide qu'aux malades et aux blessés. La Croix-Rouge est en effet le signe du service sanitaire, et ne doit pas être prise comme emblème tutélaire par des associations qui n'ont pas pour but exclusif de seconder cette branche de l'administration. Aussi, lorsque le Comité international fut mis en mesure d'intervenir en faveur des prisonniers de guerre et des Français internés en Suisse, il déclina cette mission pour lui-même; il la confia à d'autres personnes, qui consentirent à en prendre la responsabilité, et ne furent point autorisées à se réclamer de la Croix-Rouge, ni à l'arborer.

L'Agence de Bâle s'acquitta donc du mandat qui lui avait été assigné, ce qui ne l'empêcha pas cependant de s'en attribuer d'autres de surcroît. Elle tint un bureau de ren-

soldats dont on n'avait pas de nouvelles. Les
événements, se succédant avec rapidité, ne
lui permirent pas de recueillir toujours des
informations bien précises, mais cet office fut
pourtant en mesure de publier de volumi-
neuses listes d'hommes disparus, et de faire
cesser bien des incertitudes pénibles. Il pu-
bl a en particulier, et répandit à profusion,
la liste des blessés français qui se trouvaient
en Allemagne, d'après des états émanés du
Comité de Berlin, et celle des prisonniers
allemands retenus en France. Il se chargea
aussi de faire parvenir aux prisonniers de
guerre l'argent ou les lettres que leur adres-
saient des parents ou des amis, et *vice versâ*.
Les valeurs qui, de ce chef, passèrent par
l'Agence, ne s'élevèrent pas à moins de
Fr. 534,000.

L'assistance prêtée par les neutres aux belligérants a revêtu des formes très variées :
contributions en argent et en matériel, envoi
de médecins et d'infirmiers, création d'ambulances volantes ou sédentaires, tout fut mis
en œuvre ; les femmes s'occupèrent surtout
à préparer des objets de pansement, du linge,
des bandes, de la charpie, etc.

Parmi les 15 comités centraux qui existaient chez des nations neutres, 3 seulement, — qui alors n'avaient guère, il faut bien le dire, qu'une existence nominale, — se sont abstenus de participer à ce mouvement; ce sont ceux de Constantinople, de Copenhague et de New-York. Les douze autres s'y sont associés de la manière la plus active, comme nous allons le voir.

L'*Angleterre*, à elle seule, a déboursé Fr. 7,500,000 en argent. Elle a mis aussi à la disposition des blessés des marchandises en quantité considérable : en 188 jours, elle a exporté jusqu'à 12,000 caisses. Le savoir-faire qu'elle déploya fut réellement exceptionnel. De Pont-à-Mousson, par exemple, on demande par le télégraphe 250 lits en fer; 48 heures après, ces 250 lits arrivent d'outre-Manche à leur destination. L'élan charitable était universel parmi les Anglais; les petites bourses s'ouvraient aussi bien que les grosses; les régiments de l'armée et les équipages des vaisseaux se cotisèrent; les colonies même fournirent des subsides qui ne furent rien moins qu'insignifiants. Le Comité central de Londres dissémina sur le continent une légion d'experts, auxquels il confia le soin d'apprécier l'intensité des privations et d'appliquer les secours en conséquence.

A *Luxembourg*, ce fut l'administration militaire qui, avec l'aide de la Société locale, se chargea de la manutention des colis, provenant soit du grand-duché, soit de la Belgique et de la Hollande, que les chemins de fer faisaient converger sur ce point de la frontière. Un fait intéressant qui se produisit mérite d'être cité, comme exemple d'une touchante fraternité. Lors de la famine qui sévit aux environs de Sedan, après la capitulation, toutes les communes luxembourgeoises s'associèrent pour fournir, à tour de rôle, du pain aux soldats et aux habitants affamés.

La *Norwège*, vu son éloignement, n'envoya que de l'argent.

La *Russie* et l'*Autriche* firent parvenir de fortes sommes et des dons en nature.

Dans les *Pays-Bas*, à la Haye, on établit un grand dépôt, où affluèrent des approvisionnements de tout genre. Le roi se signala l'un des premiers par un acte de libéralité, en souscrivant pour 9000 florins (environ 19,000 fr.);

la nation entière suivit ce noble exemple. Les colonies les plus lointaines secondèrent la métropole; les populations indigène et chinoise de Java elles-mêmes, entraînées par leurs sultans, firent preuve d'une générosité remarquable. Cette participation de nations païennes à la Croix-Rouge était un fait sans précédent. La Société néerlandaise publia un Bulletin périodique de ses travaux tant que dura la guerre, car ils en valaient la peine.

En *Italie,* dix-neuf comités associèrent leurs efforts, et prouvèrent leur bonne volonté par de riches livraisons. Grâce au concours empressé du Comité de Milan, une station de convalescents fut établie à Pallanza, sur les bords du lac Majeur.

L'*Espagne* et le *Portugal* puisèrent dans leurs celliers des vins précieux pour les malades.

La *Belgique,* indépendamment de ce qu'elle expédia en France, installa, à proximité de la frontière, des lazarets où furent soignés de nombreux blessés.

En *Suède,* on eut recours aux moyens les plus variés et les plus ingénieux pour solliciter la générosité publique: on établit des troncs dans les cafés et les restaurants; on fit des quêtes dans les églises et dans les endroits fréquentés. Ouvriers, marins, soldats, tout le monde apporta son obole; deux compagnies de petits mousses, entre autres, contribuèrent pour 224 florins (environ 360 fr.). Le gouvernement s'associa aux sentiments qui animaient ses ressortissants, et accorda le transport gratuit sur ses chemins de fer, pour tout ce qui était destiné aux belligérants.

La *Suisse* enfin, d'où l'initiative était partie en 1863, se trouvait engagée d'honneur à ne pas s'abstenir. Le Comité central de Berne donna l'impulsion, en votant des subsides aux deux armées et en procurant à leurs hôpitaux de la glace des Alpes. Puis, chaque canton contribua pour sa part à alimenter le dépôt de Bâle qui reçut, des comités locaux, de l'argent en abondance et des objets de première nécessité. A Genève, un bazar produisit Fr. 78,000 pour le soulagement des victimes de la guerre.

La Suisse avait déjà largement payé sa dette à l'infortune de ses voisins, lorsqu'une armée française en détresse, forte de 85,000 hommes, dont 5116 malades ou blessés, vint lui de-

mander asile. A ce moment-là le Comité central
de Berne assuma vaillamment une grande
responsabilité ; il se chargea de pourvoir à tous
les besoins de sa compétence. Il faut songer à
ce que devait être une armée décimée par la
faim, par le froid, et envahie par les épidémies,
pour mesurer toute l'étendue des secours
qu'elle exigeait. Malgré l'énormité des charges
de cette invasion pacifique, malgré ce qu'a-
vaient réclamé de sacrifices les familles indi-
gentes de soldats suisses appelés à la garde de
la frontière. les citoyens de la petite Helvétie
ne se relâchèrent pas, et, grâce à eux, les
nouveaux-venus ne manquèrent de rien.

De son côté, le Comité international, puissamment aidé par les Bâlois, était un peu
sorti du domaine de ses attributions normales
en s'occupant de rapatrier, bien avant l'armistice, les invalides français qui se trouvaient
en Allemagne. Il avait sollicité et obtenu la
libération de 2500 incurables, pris soin d'eux
pendant leur voyage à travers la Suisse, et
pourvu à leur rentrée au pays natal.

Après la guerre, un «Institut international»,
fondé à Bâle, procura gratuitement des membres artificiels à 100 amputés, et mit 200

places gratuites, dans des stations thermales, à la disposition d'invalides dont l'état de santé réclamait un traitement de cette nature.

Les neutres ne se sont pas contentés des prestations que nous venons d'énumérer; ils sont intervenus aussi d'une manière plus directe et non moins efficace, en augmentant le personnel sanitaire. La Suisse et la Russie, par exemple, ont mis officiellement leurs médecins militaires aux ordres des belligérants. On a encore envoyé du monde d'Italie, d'Autriche, de Belgique, d'Angleterre, du Luxembourg et de Hollande. Ces deux derniers pays se signalèrent d'une manière toute spéciale. Du Luxembourg, en particulier, accoururent 33 médecins avec leurs aides. La Néerlande tint à faire distribuer autant que possible ses dons par ses propres agents; à cet effet, elle organisa 11 ambulances, qui fonctionnèrent sur le théâtre de la guerre et furent citées comme des modèles du genre.

Guerres de 1876-78, en Turquie

Transportons-nous maintenant dans la presqu'île des Balkans, où le slave et le turc se sont mesurés durant vingt mois, offrant, à cinq ans d'intervalle, un digne pendant à la lutte du germain contre le celte, et tâchons d'y suivre, comme nous l'avons fait ailleurs, la trace bénie de la Croix-Rouge.

Rappelons d'abord quelques dates qui encadrent les évènements de cette période.

Le 1ᵉʳ juillet 1876, les principautés serbe et monténégrine donnent simultanément le signal d'alarme. Leurs soldats pénètrent en Turquie.

Le 1ᵉʳ novembre un armistice, suivi, le 1ᵉʳ mars 1877, d'un traité de paix, met la Serbie hors de cause.

Peu de jours après, le 24 avril, la Russie entre en scène à son tour. Le tzar déclare la guerre au sultan, et son armée franchit le Danube le 22 mai.

Au mois de juillet, les Roumains se joignent à lui.

Puis, en décembre, la Serbie reprend les armes, et les Turcs se trouvent avoir à la fois quatre ennemis sur les bras, jusqu'au 31 janvier 1878, date de l'armistice d'Andrinople, suivi le 3 mars du traité de San Stefano, qui met un terme à cette conflagration générale.

La responsabilité des secours pesa ainsi sur cinq sociétés différentes, dont chacune agit dans la plénitude de son droit de *self-government* et a, par conséquent, son histoire distincte.

SERBIE. — Quand les Serbes commencèrent à faire parler la poudre, ils possédaient depuis peu une société de la Croix-Rouge, qui s'était développée avec une rapidité extraordinaire. Remarquable par le nombre de ses membres et de ses sections, pleine de bonne volonté, cette jeune association manquait néanmoins de ressources, et ne se sentit pas de force à organiser un service sanitaire. Elle borna son ambition à compléter celui de l'État, en lui procurant les choses et les gens dont il manquait. Elle établit pourtant à Belgrade, avec le concours de la Société des dames, une ambulance de 25 lits, très bien montée, où furent soignés 153 soldats.

D'accord avec le ministère de la guerre, le Comité central fit venir de Vienne 34 médecins, en même temps que, pour conjurer la disette d'infirmiers et d'infirmières, qui se faisait vivement sentir, il adressait un appel au public. Des cours théoriques et surtout pratiques furent donnés à l'hôpital de Belgrade ; 103 personnes les suivirent, passèrent des examens, et furent placées dans les établissements hospitaliers de la capitale et de l'intérieur.

En tout cela, les Serbes s'inspirèrent de l'exemple de leurs devanciers, mais on leur doit une innovation excellente, dont le mérite leur revient tout entier, si nous ne nous trompons. Nous voulons parler de ces inspecteurs itinérants, chargés de surveiller tous les services de la Société, de s'assurer que ses agents s'acquittaient fidèlement de leurs fonctions, de stimuler le zèle des sous-comités, d'examiner de près comment les blessés étaient transportés et soignés, de se rendre même compte de la manière dont se faisaient les inhumations, de signaler, dans ces do-

maines divers, les déficits ou les besoins existants, et de mettre ainsi le Comité central en
mesure de prendre des décisions conformes
aux véritables nécessités du moment. Il est
superflu de faire ressortir la portée d'une
semblable mission pour supprimer les incertitudes, comme pour couper court à des
négligences et à des abus, qui ont autant de
facilités pour se produire que pour demeurer
ignorés, au milieu des perturbations qu'engendre la guerre.

Quand une paix éphémère eut arrêté
l'effusion du sang, la Croix-Rouge serbe ne
s'endormit pas. Elle avait le pressentiment
que, le compromis auquel les belligérants
s'étaient arrêtés ne les satisfaisant ni l'un ni
l'autre, on les verrait bientôt rentrer en lice.
Aussi employa-t-elle le temps de relâche qui
lui fut accordé à rassembler son matériel
épars, et se tint-elle sur le qui-vive, pour reprendre son poste à la première alerte.

Celle-ci ne se fit pas beaucoup attendre.

Pour cette seconde campagne on procéda
comme pour la première, la Société s'étant
bien trouvée de l'organisation dont elle avait
fait l'épreuve. Nous ne relèverons, en fait de

particularités relatives au dernier acte du drame, que l'exclusion des femmes du service sanitaire proprement dit, par ordre du ministre. Ce haut fonctionnaire, d'ailleurs, se montra constamment animé de la plus grande bienveillance envers la Croix-Rouge, dont il appréciait l'appui. Il accueillit favorablement les délégués envoyés par elle auprès de chaque corps d'armée, il exempta les membres du Comité central et les présidents des sous-comités de tout service militaire, il leur concéda enfin le droit de réquisitionner des véhicules.

Quant à l'argent, dont la Croix-Rouge était fort dépourvue lorsqu'elle débuta dans la carrière active, il lui fut largement dispensé. Elle en eut plus qu'il ne lui en fallait. La recette totale du Comité central s'éleva à Fr. 297,800, dont Fr. 125,800 furent recueillis chez les Serbes eux-mêmes. Les dépenses furent de Fr. 223,000.

MONTÉNÉGRO. — Nous serons forcément très bref au sujet de cette principauté, le Comité central de Cettinje n'ayant pas publié de rapport sur ses travaux.

Les combats entre Monténégrins et Turcs ont été intermittents ; il y a eu des temps d'accalmie et des périodes d'hostilités vigoureuses, toutefois l'état de guerre n'a pas discontinué du 1er juillet 1876 au 3 mars 1878. Lorsqu'il a commencé, les habitants de la Montagne noire avaient déjà fait des sacrifices relativement considérables pour les fugitifs de l'Herzégovine, mais la Société de la Croix-Rouge, fondée parmi eux, au commencement de 1876, par des délégués du Comité de Genève, n'attendait que cette occasion pour se montrer. Elle fit noblement son devoir, sous le patronage du prince Nicolas ; l'absence complète de médecins indigènes fut cependant pour elle un grave embarras, et le soin des blessés incomba en fait aux étrangers accourus sur les lieux, plus qu'aux Monténégrins eux-mêmes. Néanmoins, nous le répétons, ceux-ci gardèrent fidélité à l'esprit de la Croix-Rouge. C'est ainsi, par exemple, que, lors de la prise d'Antivari, la Société monténégrine s'occupa avec sollicitude des blessés, au nombre de 200, qu'elle trouva dans un état pitoyable à l'hôpital de cette ville.

ROUMANIE. — Il existe une certaine contra-
diction dans les documents que nous avons
pu consulter au sujet de la Roumanie. On y
voit la Croix-Rouge se plaindre d'avoir des
moyens d'action très limités, et pourtant équiper 5 ambulances volantes, accompagnées
de 60 fourgons ou voitures et desservies par
27 médecins, avec un personnel auxiliaire de
168 personnes. On y apprend, de plus, que
ces ambulances ont suivi l'armée, et qu'elles
l'ont secourue dans tous ses engagements, en
particulier à Plevna. Au nord du Danube la
Société roumaine a encore installé un hôpital
de 200 lits à Turno-Magureli, point d'évacuation important, et à Bucharest elle a pu disposer de 340 lits.

Le mot de l'énigme ne résiderait-il point
en ceci, que le Comité central aurait suivi
ses inspirations charitables sans trop s'inquiéter du vide de sa caisse, comptant sur les
offrandes tardives de ses concitoyens? Certes,
s'il a raisonné ainsi, il n'a pas été trompé
dans son attente, puisque les souscriptions,
dans l'intérieur de la principauté, ont produit
en définitive Fr. 524,600, ce qui a été plus
que suffisant pour couvrir Fr. 461,200 de
dépenses.

La Société roumaine semble avoir attaché, et avec raison, une importance majeure à se conformer aux préceptes de la Convention de Genève, c'est-à-dire à dispenser ses faveurs à ceux qui les réclamaient, sans s'inquiéter de leur nationalité. C'est ce qui ressort de la forte proportion d'ennemis qu'elle a recueillis : sur 4676 individus assistés par elle, il y eut 1042 Turcs. Le Dr Osman, médecin en chef de l'armée ottomane à Plevna, a d'ailleurs rendu une justice éclatante à l'humanité des représentants roumains de la Croix-Rouge envers ses compatriotes.

RUSSIE. — C'est du côté des Russes que la bienfaisance des particuliers a revêtu les aspects les plus variés et atteint les proportions les plus grandioses. La Société, qui chez eux personnifiait la Croix-Rouge, était déjà vieille de dix ans et avait mis ce temps à profit. Non contente d'être bien en cour, elle s'était donné une forte organisation et s'était créé des ressources. On pouvait donc espérer beaucoup de son intervention.

Peu avant l'explosion de la guerre, un accord avait été conclu par elle avec le Dé-

partement médical de l'armée et avec l'état-
major général, pour fixer ses attributions
éventuelles. Il avait été entendu que la Croix-
Rouge aiderait à emmener, par chemins de
fer, les malades et les blessés loin du théâtre
des opérations militaires, et qu'ensuite elle
les soignerait à l'intérieur de l'empire. Il con-
vient de prendre acte des termes de ce programme, car on s'en est singulièrement écarté.
La Société n'avait pas voulu offrir de prendre
des engagements plus étendus, auxquels elle
craignait que ses finances ne lui permissent
pas de faire honneur, et l'administration ne
lui avait pas demandé davantage dans la crainte
qu'elle n'entravât les mouvements de troupes.
Le service officiel russe avait fait de grands
progrès depuis la guerre de Crimée. Lors de
l'entrée en campagne, sa bonne ordonnance
forçait l'admiration des connaisseurs, au
dire desquels il ne resterait rien à faire pour
d'autres après lui. Les partisans de la Croix-
Rouge, de leur côté, relevèrent plus tard cette
appréciation, comme on le pense bien, pour
opposer la confiance de la première heure, à
l'essor irrésistible qui entraîna peu à peu la
Société bien au-delà des obligations comprises
dans son mandat originaire.

Pour faire mieux ressortir ce débordement
de l'œuvre, nous procèderons, dans l'exposé que nous allons en faire, du prévu à
l'imprévu, nous rapprochant ainsi graduellement des champs de bataille, d'où l'on avait
eu l'idée de tenir les secoureurs volontaires
systématiquement éloignés.

En prévision de batailles imminentes, la
Croix-Rouge commença par préparer des lits
dans une foule de localités, en Russie, pour
y héberger malades et blessés. Ce mouvement ne se propagea pas cependant jusqu'aux
provinces lointaines du nord-est ; il fut interdit aussi à la Société de secours de s'établir
dans la zone la plus rapprochée des lieux où
la guerre allait sévir, mais ce veto fut retiré,
lorsqu'on eut vu combien il était préjudiciable
à l'armée. La région accessible fut divisée
en dix arrondissements, à chacun desquels
fut préposé un délégué-général, et l'Etat alloua
à la Société 40 kopecks (Fr. 1 60) par jour,
pour chaque homme qu'elle prendrait à sa
charge. Elle avait garanti l'existence de
16,000 places, mais ce chiffre fut considérable-
ment dépassé ; à un certain moment il y en

eut jusqu'à 50,000, y compris, il est vrai, celles qui relevaient d'autres directions que la sienne.

La Croix-Rouge, nous l'avons dit, avait aussi reçu la mission d'évacuer les blessés. Elle se mit donc en devoir d'organiser des trains, pour reconduire les patients de la frontière roumaine au cœur du pays, où les refuges hospitaliers dont nous venons de parler les attendaient. Plusieurs compagnies de chemins de fer lui octroyèrent l'usage gratuit de leurs lignes, et soulagèrent ainsi beaucoup son budget.

La Société avait promis 10 trains spéciaux ; c'était trop peu. Le chiffre en fut vite porté à 16, et bientôt il fallut recourir, pour la moitié des transports au moins, aux wagons ordinaires de voyageurs et de marchandises. Mais cela ne concernait plus la Croix-Rouge ; elle ne s'en mêla que lorsque, les défectuosités de ce service ayant soulevé beaucoup de réclamations, on vint lui demander de s'en occuper. Alors elle organisa des escouades qui, pourvues d'un assortiment d'objets appropriés à l'installation des blessés dans les wagons revenant à vide, firent sans cesse, sinon sans peine, la navette entre Yassy et les villes de l'intérieur, ensorte que les choses ne tardèrent pas à prendre une meilleure tournure.

Quant aux trains sanitaires proprement dits, plusieurs furent remis à la Société tout équipés par de généreux donateurs, qui allèrent parfois jusqu'à se charger des frais de fonctionnement. La composition de chaque train était ordinairement de 20 wagons, pour 200 blessés. Une brève description de celui qu'avait fait préparer S. A. I. la grande-duchesse tsezarewna donnera la mesure du confort, et même du luxe, qu'on rencontra dans quelques-uns d'entre eux. Ce train était formé de 23 wagons, dont 13 pour les blessés. Les autres voitures servaient à la cuisine, à un salon de lecture, aux sœurs de charité, aux infirmiers et gens de service, et aux délégués de la Croix-Rouge. Les lits, au nombre de 15 par wagon, étaient, les uns de simples civières, commodes à transporter sans occasiönner de dérangement au malade, les autres des sièges se transformant à volonté en divans et en fauteuils. Près de chacun d'eux se trouvaient une sonnette électrique, un guéridon, une bougie, du papier à écrire, etc. Les comparti-

ments, admirablement ventilés, avaient une
température réglée avec soin. Il y avait dans
chacun d'eux une pendule, un filtre pour l'eau
et un lavabo. Tous étaient suspendus sur d'excellents ressorts, de façon à éviter les secous-
ses et le bruit.

La circulation de ces trains ne pouvait pas
s'étendre jusqu'au Danube, vu que les voies
ferrées de la Russie sont plus larges que
celles du reste de l'Europe. Un transborde-
ment était donc inévitable, puisque la guerre
sévissait au-delà du fleuve, et il fallut bien
aviser à la création de nouveaux trains, spécialement affectés au parcours en Roumanie.
On en fit venir 6 d'Allemagne, et on les mit
en mouvement entre Fratesti et Yassy.

Mais au sud du Danube plus de railways, et
dès lors nouvel embarras, non pas pour la
Société, qui pouvait se considérer comme parvenue au terme de sa course, mais pour l'autorité militaire, qui avait spécifié que le concours de la Croix-Rouge ne serait toléré que
pour les évacuations par chemins de fer. On
ne trouvait sur les lieux, comme véhicules,
que des chariots sans ressorts, plus funestes
que profitables aux malheureux qu'on y pla-

çait. C'était le cas d'utiliser les appareils Zava-
dowsky et Tereschenko, imaginés précisément pour être adaptés à des voitures de
ce genre; aussi le Comité central de Saint-
Pétersbourg expédia-t-il des milliers de ces
engins en Bulgarie, où l'on n'eut garde de les
refuser, et pourvut-il en même temps ses
agents de *britchkas* hongroises, avec lesquelles ils opérèrent des voyages incessants sur les
routes mal entretenues de ce pays.

Vers la fin de la campagne, la batellerie du
Danube fut utilisée avec le plus grand succès pour les transports sanitaires. Au mois
d'avril 1878, quand la navigation de cette
grande artère fluviale fut tout à fait libre,
deux convois, formés d'un remorqueur et de
trois chalands, et pouvant contenir chacun
650 hommes, firent un service régulier, dont
l'état-major de l'armée confia la direction à
la Croix-Rouge. Recueillis dans les localités
riveraines, les blessés étaient débarqués en
aval, soit à Braïla, pour être acheminés de là
vers Yassy, soit à Reni, d'où ils traversaient
la Bessarabie.

La fatigue, qu'amènent toujours de longs
trajets, devait se faire douloureusement sentir

aux êtres déjà souffrants auxquels on faisait
franchir d'immenses distances pour les rapatrier, ou tout au moins pour les éloigner des
lieux où leur présence était devenue gênante.
Aussi, comme complément des services de
transport, entreprit-on d'échelonner, le long
des voies de communication, soit des abris
pour recueillir au passage les individus dont
l'état réclamait un temps d'arrêt, soit des stations alimentaires qui ne servaient qu'au ravi-
taillement des voyageurs. L'administration
et la Croix-Rouge rivalisèrent de zèle pour en
créer, sans réussir toutefois à les multiplier
assez et à leur donner à toutes des dimensions ou des ressources suffisantes.

L'encombrement fut surtout fréquent dans
les deux villes de Yassy et de Fratesti, têtes
de ligne des chemins de fer roumains, l'une
confinant à la Russie, l'autre à la Bulgarie.
L'autorité militaire y installa des commis-
sions, pour procéder au triage des malades
qui arrivaient de toute part, et à leur répartition entre les divers points vers lesquels on
pouvait les diriger. Cette opération ne commença à Fratesti que le 28 août 1877, alors
que 17,000 hommes y avaient déjà passé, sans

7

contrôle et dans la plus grande confusion. Ce fut la Croix-Rouge qui en eut la direction. Son baraquement pouvait contenir 900 soldats, mais, à la suite de certaines batailles, il en arriva jusqu'à 7 et 8000 par jour. Quand le personnel volontaire fut débordé, on lui adjoignit d'office des médecins de la garde, auxquels il dut paraître singulier de se trouver ainsi subordonnés à des chefs civils. Le personnel médical de Fratesti paya cher son abnégation, car le typhus s'introduisit dans ses rangs et fit plusieurs victimes. A Yassy, où l'affluence devait être moindre, on évacua parfois 2000 malades dans la même journée; le baraquement était aménagé pour 400 hommes. La Croix-Rouge, qui avait été la première occupante de ce poste important, alors que l'administration sanitaire y faisait défaut, se trouva, comme à Fratesti, avoir la haute main sur tout le service.

On voit par là quel rôle prépondérant elle a joué, avec l'agrément et même sur la demande des fonctionnaires responsables, dans l'œuvre des évacuations. Mais la plus grande marque de considération à cet égard lui fut donnée à la fin de la guerre : son délégué général, M. Panioutine, fut nommé, par le commandant en chef, président de la Commission supérieure d'évacuation, dans laquelle siégeaient, avec lui, le chef du service sanitaire des troupes actives et l'inspecteur général de santé de l'armée.

N'oublions pas de dire que la Société de la Croix-Rouge reçut encore, du Ministre de la guerre, la charge de veiller à la désinfection des étapes et des wagons, les rouages officiels n'ayant sans doute pas assez d'élasticité pour se plier aux conditions variables de ce travail.

Les divers services dont nous venons de parler exigeaient, non seulement des véhicules et des locaux, mais encore un personnel nombreux et un riche matériel; on n'eut qu'à les demander au public pour les obtenir. Des dépôts multipliés s'emplirent de dons de toute sorte et de toute provenance. Celui de Moscou, par exemple, put en expédier, dans l'espace de six mois, pour une valeur de 643,000 roubles (2 $\frac{1}{2}$ millions de francs). Beaucoup de dames se groupèrent en ateliers de travail, pour approvisionner les hôpitaux d'articles de pansement; plusieurs princesses de la famille impériale prêtèrent même terri-

toire à ces réunions dans leurs propres pa-
lais. Chacun apportait ce qui lui paraissait le
plus utile ou ce qu'il avait le plus de facilité
à se procurer. Ainsi 35,000 volumes furent
remis au Comité de Saint-Pétersbourg par la
Société d'enseignement élémentaire de cette
ville. A Kiew, un comité fit sa spécialité de la
quinine; il dépensa 20,000 roubles (80,000 fr.),
pour acheter un million de doses de ce précieux mais coûteux médicament.

Quant au personnel, les volontaires s'offri-
rent en foule et la Société n'eut que l'embarras
du choix. Les gouvernements les plus ex-
centriques, n'étant pas exposés à recevoir
chez eux des blessés, organisèrent des détachements sanitaires, qui trouvèrent leur
emploi dans les lazarets du rayon de Yassy.
Il faut croire que les hautes classes s'y enrô-
lèrent volontiers, car la noblesse d'Oufa créa
un fonds spécial, pour venir en aide aux
gentilshommes pauvres de cette province employés dans les ambulances. D'après un re-
censement approximatif, fait au milieu de
décembre 1877, la Croix-Rouge occupait, à ce
moment-là, 90 médecins, 10 pharmaciens,
96 étudiants des deux sexes, 120 aides-chi-

rurgiens, 500 infirmiers et 500 sœurs de charité. Elle avait en outre une réserve de près de 400 personnes. A St-Pétersbourg, les sœurs de l'Exaltation de la Croix instruisaient gratuitement les gens désireux de se vouer au soin des blessés. A l'hôpital israélite d'Odessa, un cours fut ouvert pour former des femmes juives au service des ambulances ; dès le premier jour il y eut 18 inscriptions, et ce nombre s'accrut rapidement.

Il ne paraît pas que les représentants de la Société russe aient abondé sur les champs de bataille, où la Croix-Rouge n'avait pas été primitivement invitée à intervenir. Néanmoins, comme le chef d'état-major général avait déclaré que, quant à lui, il l'accueillerait avec empressement « partout où elle se trouverait », des secoureurs volontaires, forts de cette assurance, apparurent auprès des combattants. On y vit le détachement de l'Association évangélique réformée de St-Pétersbourg, le lazaret de campagne de Dorpat, et le détachement volant organisé aux frais de S. A. I. la grande duchesse tsezarewna. Ce dernier, parti de de Russie pour assister la garde impériale, suivit l'armée dans ses marches les plus hardies, et fut presque toujours présent aux grands engagements en Bulgarie, notamment à Schipka et à Plevna.

Quand les Balkans eurent été définitivement franchis, la Croix-Rouge se répandit dans la Roumélie; elle y continua son œuvre jusqu'à Andrinople et à San Stefano, où les évacuations par mer élargirent encore la sphère de son activité. Elle pourvut de linge et d'approvisionnements les navires-hôpitaux en partance pour la mer Noire, elle leur céda des sœurs de charité et des médecins, et prit une part considérable à la direction de ce service.

Nous la retrouvons également en Asie, où Turcs et Russes ont rivalisé de bravoure pendant tout le temps qu'a duré la guerre en Europe. Mais, tandis que du côté de l'occident les ordres émanaient du Comité central de St-Pétersbourg, en Arménie ce fut le Comité de l'arrondissement du Caucase qui exerça la suprématie, sans prendre ses inspirations dans la capitale, avec laquelle les communications étaient trop lentes.

Un des principaux modes d'assistance adoptés par le Comité de Tiflis, a consisté à amé-

liorer l'installation des blessés et des malades
dans 64 établissements de l'Etat. On forma
aussi 5 brigades de secours, auxquelles furent
attachés 5 dépôts mobiles. La Croix-Rouge
eut à sa solde, dans cette contrée, 371
personnes pour le service médical proprement dit. Parmi les ambulances libres, au
Caucase, on comptait celle de la grande-duchesse Olga Féodorowna, celle de la noblesse
de Moscou, celle de Finlande, etc.

La Société russe dans son ensemble a dépensé, pendant cette longue campagne, la
somme respectable de 9,363,000 roubles (environ 37 $^{1}/_{2}$ millions de francs), mais elle n'a
pas outrepassé ses ressources, qui ont excédé
ses débours de 114,200 roubles (456,000 fr.).

Si, au cours de la guerre d'Orient, le service officiel de santé et celui de la Croix-
Rouge ne sont pas restés stationnaires, s'ils
ont modifié sur certains points leurs allures,
pour le plus grand bien des blessés, il est
juste de l'attribuer, en partie, à la mission
que S. M. l'Impératrice confia à l'illustre
Dr Pirogoff. Pendant six mois ce savant et infa-
tigable praticien, dont l'influence était considérable, inspecta toutes les institutions sani-

taires de l'armée d'Europe. Partout où il constatait une défectuosité, son coup d'œil prompt et sûr en découvrait la cause, et il donnait, pour y remédier, des indications aussi simples qu'efficaces. Sa tournée fut féconde en bons résultats, et la publication de son rapport, qui déjà lui survit, préservera ses conseils de l'oubli.

Turquie. — Le fonctionnement, dans l'Empire ottoman, d'une société de secours basée sur les principes de la Croix-Rouge, est un phénomène remarquable, presque un évènement. Il marque, en effet, une date mémorable dans la chronologie morale de l'humanité. Une large ouverture a été pratiquée dans la muraille qui sépare les disciples de Mahomet de ceux de Jésus-Christ, le jour où, pendant la guerre d'Orient, — pour la première fois, croyons-nous, — des représentants des uns et des autres se sont unis spontanément, pour travailler en commun à une grande œuvre de miséricorde. Un comité mixte, siégeant sur les bords du Bosphore, a été soutenu dans ses efforts charitables non seulement par les sujets du sultan, sans distinction de culte, mais encore par les musulmans de l'Inde et par les chrétiens de l'Europe.

L'initiative individuelle est généralement peu développée en Turquie, et l'inertie coutumière aux populations de ce pays explique la peine que les Résolutions de la Conférence de 1863 ont eue à s'y faire admettre. Ce ne fut que lorsque la paix eut été conclue une première fois avec la Serbie, qu'un Comité s'établit sérieusement à Constantinople. Il en résulta que, pendant la première phase de la guerre, l'armée impériale ne reçut d'autres soins médicaux que ceux, en infime quantité, que lui donnèrent les agents de son propre service de santé. Mais, une fois à l'ouvrage, les directeurs de l'assistance volontaire s'efforcèrent de rattraper le temps perdu. Le gouvernement ne leur accorda cependant l'autorisation nécessaire, qu'à la condition qu'ils se serviraient d'un croissant et non d'une croix rouge comme emblème.

Leur première occupation fut de s'organiser, et de nouer des relations soit avec l'étranger, soit avec les provinces turques d'Europe et d'Asie, où 24 sous-comités furent assez vite créés. La formation d'une section

7·

de dames, prévue dans les statuts, était trop peu en harmonie avec les mœurs des mahométans pour qu'il y fût donné suite.

La période active des travaux du Croissant-Rouge ne remonte pas au-delà du mois d'août 1877. A dater de ce moment, on le voit pourvoir diligemment aux divers besoins qui se manifestent.

Neuf ambulances de campagne partent pour rejoindre l'armée, tant au nord qu'au sud des Balkans et en Arménie.

Un train sanitaire circule sur les voies ferrées de la Roumélie, et amène, en cinq voyages, 1307 blessés à Constantinople.

Quatre ambulances permanentes sont installées sur les rives du Bosphore, et un nombre égal en province.

On décide la construction de deux baraques, de 200 lits chacune, à proximité des troupes.

Quand la capitale est encombrée par 150,000 fugitifs refoulés par les Russes, un service est improvisé pour les nombreux blessés et malades qui se trouvent parmi eux.

Les hôpitaux de l'Etat, eux-mêmes, reçoivent des secours en argent, en matériel et en

personnel, de la Société du Croissant-Rouge.
Celle-ci n'avait pas engagé moins d'une
soixantaine de docteurs, étrangers pour la
plupart, et dont plusieurs moururent à la
peine. Quoique les médecins fussent rares
dans les armées ottomanes, la Porte se montra d'abord extrêmement difficultueuse pour
permettre à des praticiens du dehors d'y
exercer leur art, mais les instances de la
Société finirent par avoir raison de cet obs-
tructionnisme peu judicieux.

L'armistice signé, le Comité central envoya un de ses membres en tournée dans
les lignes russes, en Turquie, pour visiter
ceux de ses ressortissants, au nombre de
2,400, qui s'y trouvaient au pouvoir des envahisseurs. Ce délégué leur distribua quelques secours, et s'assura qu'ils étaient parfaitement bien traités. « Nous avons pu constater de nos propres yeux, dit-il, que, tandis
que les blessés russes étaient couchés à terre,
quelquefois sans matelas, nos soldats malades
et blessés avaient leurs lits, plus ou moins
confortables. »

L'utilité et le succès de cette mission en
fit entreprendre une seconde, un peu plus

tard, hors de l'empire. L'envoyé du Croissant-Rouge visita alors les hôpitaux de la
Roumanie et ceux de la Russie méridionale ;
il en revint édifié, lui aussi, sur les égards
dont on y entourait ses protégés : une commission, instituée par ordre du tzar, était
chargée spécialement de veiller au sort des
prisonniers ottomans blessés ou malades, et
s'acquittait consciencieusement de ce mandat.

Le Croissant-Rouge n'eut pas souvent des
Russes dans ses établissements, mais lorsque
le cas se présenta, à Chipka, par exemple, il
s'occupa d'eux avec sollicitude.

Le nombre des hommes qui ont eu part à
ses bienfaits s'est élevé à 39,000.

Les comptes de la Société, arrêtés au
30 juin 1878, accusent, de la part des Turcs,
un sacrifice pécuniaire de Fr. 285,000 et une
somme de Fr. 1,362,000 reçue de l'étranger,
soit un mouvement de caisse qui a atteint
Fr. 1,648,000 en chiffre rond. Les dépenses
n'ont été que de Fr. 1,387,000, mais le solde
disponible fut, paraît-il, promptement ab-
sorbé, par l'encombrement prolongé des hôpitaux, et par le retour de Russie de prisonniers
de guerre réclamant encore des soins médi-

caux, car, deux mois après qu'il eut constaté sa prospérité financière, le Comité central avait épuisé ses moyens d'action et renouvelait ses appels au public.

NEUTRES. — Après nous être occupé des belligérants, demandons-nous dans quelle mesure et de quelle manière les nations neutres ont concouru à l'assistance des blessés. Si l'on se souvient du colossal déploiement de zèle dont elles avaient fait preuve en 1870, on sera frappé du rôle relativement effacé qu'elles ont rempli pendant la guerre d'Orient, mais on découvrira sans peine à cette infériorité des causes qui l'expliquent, et qui prouvent qu'elle a tenu aux circonstances particulières du moment, plutôt qu'à un relâchement du principe de solidarité qui animait les sociétés de la Croix-Rouge quelques années auparavant. Il vaut la peine de nous arrêter un instant sur ce sujet, et de fournir la preuve de ce que nous avançons.

Tant que les Turcs ne furent aux prises qu'avec les Serbes et les Monténégrins, les hommes politiques envisagèrent l'affaire comme une révolte des principautés contre

leur suzerain, et, devant cette attitude, beaucoup de sociétés redoutèrent, à tort selon
nous, de se compromettre en intervenant. A
cette époque, d'ailleurs, il ne pouvait être
question pour elles d'aider que les adversaires de la Turquie, puisque, dans ce dernier pays, aucune association secourable
n'existait encore et ne réclamait leur appui.
— Ensuite, l'élan fut refroidi par la répulsion
que manifestèrent les Turcs à arborer la
Croix-Rouge, et par leur résolution de substituer le croissant au signe déjà connu et
aimé des nations chrétiennes. Le cas fut soumis à la diplomatie, et, tant que celle-ci
n'eut pas prononcé, la bienfaisance privée
observa une prudente réserve. — Enfin, les
belligérants n'ont pas tous témoigné un bien
vif désir d'être assistés par les neutres, et
ceux-ci, dès lors, ne se sont pas cru obligés
de s'imposer des sacrifices qu'on ne leur demandait que faiblement.

La question du croissant influença tout
particulièrement le Comité international, lequel temporisa, et ne se décida à se montrer que lorsqu'un accord sur ce différend
lui parut prêt à s'établir. Son devoir était

de créer un bureau central d'informations,
et de se mettre à la disposition des neutres
pour l'envoi de leurs offrandes aux belligérants. C'était, on se le rappelle, la Conférence de Berlin qui l'avait chargé de ce
soin, et il s'agissait de faire en Orient quelque chose d'analogue à ce qu'avait été, en 1870,
l'Agence de Bâle.

La configuration géographique du théâtre
de la guerre, et sa position à l'une des extré-
mités du continent européen, ne permettaient
pas de choisir, comme siège de l'Agence, une
localité également bien située pour que tous
les neutres trouvassent leur compte à y faire
converger leurs dons, et pour que, de là, les
expéditions pussent rayonner, avec la même
promptitude, chez tous ceux auxquels elles
seraient destinées. Trieste parut être le lieu le
moins défavorable et obtint la préférence. La
voie de mer offrait des facilités réelles pour
communiquer de cette ville avec Cettinje et
avec Constantinople, puis, dans la direction
de l'Est, des chemins de fer, le cours de la
Save et celui du Danube, conduisaient sans
détours à Belgrade et à Bucharest. Pour cette
dernière capitale cependant, les prévisions

lurent trompées, et le Comité de Trieste trouva
plus avantageux de l'atteindre par la Transyl-
vanie, à travers les montagnes, que par le
fleuve et les chemins de fer roumains, vu
l'encombrement de ceux-ci. Disons, à ce propos, que toutes les compagnies de transport
austro-hongroises, tant fluviales et maritimes
que terrestres, accordèrent à l'Agence de
Trieste, pour ses envois, une réduction de 50%
sur leurs tarifs ordinaires.

Les Comités centraux des pays neutres qui
utilisèrent les services de l'Agence furent au
nombre de neuf, savoir: ceux d'Athènes,
Berlin, Berne, Bruxelles, Christiania, Copenhague, Rome, Stockholm et Stuttgart.

Des Fr. 57,000 qu'elle reçut en argent, elle
affecta une partie à des achats de matériel
et distribua le reste en espèces ; 869 colis sont
sortis de ses magasins. Elle s'appliqua, comme
de juste, à répartir toujours ses largesses avec
la plus grande impartialité : la Turquie, appelée à se défendre contre tous les autres
belligérants, avait droit à la moitié de ses faveurs ; le reste se partagea entre les Russes,
les Roumains et les Monténégrins. Vers la
fin de sa carrière, elle vint aussi au secours

de la Serbie, qui recommençait la lutte, et à celui de la Grèce, dont l'entrée en campagne paraissait imminente. L'armée grecque, en effet, avait franchi la frontière, et la Croix-Rouge hellénique avait déjà créé éventuellement une ambulance de 50 lits.

L'Agence n'eut pas, avec toutes les sociétés des belligérants, des rapports également fréquents, malgré son vif désir qu'il en fût autrement. Tandis que celle du Croissant-Rouge entretenait avec Trieste une correspondance très suivie, lui adressant des demandes aussi nombreuses que précises, les représentants des Sociétés russe et roumaine répondaient à peine aux offres qui leur étaient faites, et ne donnaient que de vagues renseignements sur leurs besoins. De la part des Russes, qui pouvaient tirer de leur propre pays des ressources abondantes, cette froideur ne changeait pas grand'chose au sort de leurs blessés, mais elle se comprend moins de la part des Roumains, qui se plaignaient d'un autre côté que l'étranger les délaissât.

Si Trieste fit moins d'affaires que Bâle, cela tint, comme on voit, à des causes multiples, absolument indépendantes du personnel de

l'Agence, dont la capacité et l'entrain ne laissèrent rien à désirer. Nous pourrions ajouter
qu'en 1870 l'Agence internationale possédait
un bureau de renseignements pour les familles des soldats, bureau qui servait aussi
d'intermédiaire pour des envois d'argent aux
prisonniers de guerre, pour l'échange de
leurs lettres, pour le rapatriement des invalides, etc., tandis que les conditions dans lesquelles se fit la guerre en Orient interdirent,
aux agents du Comité de Genève, toute immixtion de cette nature.

Donnons maintenant quelques indications
sur les secours fournis par chaque peuple
neutre en particulier, mais rappelons auparavant que, dans cette revue, nous nous res-
treindrons strictement à l'œuvre des Sociétés
de la Croix-Rouge, et que nous laisserons de
côté toute assistance due, soit à des particuliers, soit à des associations, agissant directement sans relever de l'institution dont nous
avons entrepris de retracer l'histoire. Cette
remarque est importante, car les belligérants,
les Turcs surtout, ont été puissamment secondés, pour leur service sanitaire, par ces
sortes d'auxiliaires improvisés. Qu'on en juge

par quelques chiffres empruntés au rapport d'un comité anglais, dit « de Stafford House », avec lequel s'était fusionnée une œuvre analogue due à l'initiative de lord Blantyre. Ce Comité envoya sur le théâtre de la guerre 82 agents, dont 37 chirurgiens; il dépensa Fr. 560,200 et secourut 71,274 individus.

Toutes les nations qui ont pris part à la guerre contre la Turquie n'y ont pas été mêlées, nous l'avons vu, pendant toute sa durée. Il en résulte que quelques-unes d'entre elles ont appartenu, par moments, à la catégorie des neutres, et qu'en cette qualité elles ont été appelées à en secourir d'autres.

C'est ainsi que le Monténégro et la Serbie, les premiers engagés dans la lutte, ont été aidés par la Russie et par la Roumanie, alors que celles-ci n'en étaient encore que spectatrices.

Dès le mois de janvier 1876, du temps de l'insurrection de l'Herzégovine, la *Russie* arriva déjà à Cettinje les mains pleines, et créa dans la principauté deux hôpitaux de 120 lits; puis, à mesure que les événements marchèrent, elle étendit sa sphère d'action, organisa un troisième hôpital, un lazaret de campagne et une ambulance volante. Elle travailla dans ce pays jusqu'à la fin des hostilités.

En juillet, une dépense de 100,000 roubles était votée aussi à St-Pétersbourg, pour envoyer des médecins et du matériel en Serbie, où beaucoup de sujets du tzar servaient comme soldats. En septembre, une ambulance de la Société russe s'établissait à Belgrade, avec plusieurs succursales dans l'intérieur ; des villes, de riches particuliers en équipaient également et les expédiaient chez les Serbes. Les hôpitaux, les baraques, se multiplièrent de tous côtés, et les ambulances volantes ne quittèrent pas les armées. On compta bientôt dans ce service 96 médecins, 112 aides et 60 sœurs de charité. Le gouvernement austro-hongrois avait accordé un rabais sur les frais de transport, pour le matériel qui transitait par ses chemins de fer.

La *Roumanie* se plaça sur un terrain plus strictement conforme aux vrais principes de la Croix-Rouge, en offrant simultanément son concours aux deux parties belligérantes. Les Turcs déclinèrent sa proposition, parce que, dirent-ils, « on n'avait pris aucune mesure

pour initier leur armée au respect de la Croix-
Rouge ; » mais les Serbes l'accueillirent avec
empressement. En conséquence, une ambulance roumaine se rendit chez eux, à ses périls et risques, dûment avertie qu'en cas de
malheur l'ennemi ne tiendrait probablement
aucun compte des privilèges que lui garan-
tissait la Convention de Genève. Son zèle ne
fut nullement refroidi par cette perspective
redoutable ; elle fit un service très actif, et,
dans l'espace de quatre mois, ses 14 médecins
soignèrent 6,832 hommes. Elle coûta à la
Roumanie plus de Fr. 19,000

La *Serbie* à son tour, lorsqu'elle eut été paci-
fiée, voulut rendre la pareille à sa voisine,
devenue belligérante, et discuta l'envoi d'une
ambulance aux Roumains et aux Russes
alliés ; mais sa propre tranquillité était alors
si précaire, — la suite l'a bien prouvé, — que
la Société de la Croix-Rouge dut renoncer à
ce projet, et réserver toutes ses forces pour
l'éventualité de sa rentrée en campagne.

La *Grèce* enfin, qui fut sur le point de
sortir de sa neutralité, et réclama, dans un
instant critique, l'aide de l'étranger, avait
précédemment envoyé des secours, soit au

Monténégro directement, soit aux autres belligérants par l'entremise de l'Agence de
Trieste. Un incident se rattache à l'un de
ses dons, consistant en excellent tabac, que
l'Agence avait attribué au Comité de Bucharest. L'envoi, arrivé à destination, fut confisqué par la régie roumaine, affermée à une
société étrangère, qui ne voulut s'en dessaisir
à aucun prix. Cet usage abusif et presque
inhumain d'une prérogative légale scandalisa
les Roumains eux-mêmes; il y avait bien de
quoi. Un cas analogue se présenta plus tard,
lorsque le Comité ottoman voulut envoyer du
tabac aux blessés turcs prisonniers en Russie. La douane d'Odessa exigeait 3,000 roubles pour le laisser passer; mais on réclama
en haut lieu, et bientôt l'entrée en franchise
fut octroyée.

La nomenclature détaillée des dons fournis
par les autres neutres offrirait peu d'intérêt.
On nous saura gré de ne pas énumérer les
sommes qu'ils ont consacrées à aider les belligérants, le nombre et le contenu des ballots
qu'ils leur ont expédiés. Tous les Comités
centraux, ou peu s'en faut, se sont associés à
cette manifestation; ceux de Madrid et de

Lisbonne sont les seuls dont nous n'ayons pas rencontré le nom dans les documents que nous avons consultés. En France, en Italie, en Hollande, la Croix-Rouge a trouvé des auxiliaires dans de grandes compagnies de transport, qui pour elle ont abaissé leurs tarifs ou même travaillé gratuitement. Les Pays-Bas ont affecté la part de leurs subsides destinée aux Russes à défrayer une ambulance complète, organisée par un comité néerlandais qui s'était fondé à St-Pétersbourg. Cette ambulance fut attachée à l'armée du Caucase, où sa présence devint une bénédiction pour un grand nombre de blessés, et où elle se fit remarquer par sa bonne tenue. L'Allemagne envoya 12 sœurs de charité à Constantinople et 5 à Bucharest, mais c'est à cela que s'est borné le personnel commissionné par la Croix-Rouge, si l'on excepte toutefois la Société britannique, à laquelle nous devons consacrer un paragraphe spécial.

Les scrupules qui paralysèrent l'action de plusieurs comités centraux pendant la première période de la guerre, n'arrêtèrent nullement celui de Londres. Il s'entendit avec les Chevaliers de St-Jean de Jérusalem, et

se hâta de faire acte de présence sur le
théâtre de la guerre turco-serbe. En moins de
rien il érige à Belgrade un hôpital de 150
lits, il envoie des ambulances légères à l'armée serbe, il se pourvoit de charrettes et
d'une barque-ambulance pour le transport
des blessés. Du côté des Turcs, nous le trouvons à Nisch, à Sofia, à Scutari d'Albanie,
dirigeant des hôpitaux qu'il y a créés; au
quartier général, à Alexinatz, il est représenté
par une ambulance, où ses médecins initient
leurs confrères ottomans à l'emploi du chlo-
roforme; il se multiplie partout où des dé-
tresses surgissent. A la fin de l'année 1876,
il avait dépensé Fr. 270,000 et ne s'attendait
guère à la recrudescence de maux qui, dans
un avenir très prochain, allait mettre son
énergie à une nouvelle épreuve.

Quand la Russie marcha contre son vieil
ennemi, les Anglais vinrent à la rescousse,
et se mirent de plus belle à envoyer secours
sur secours en Orient. Ils commencèrent par
fréter un navire, et par l'acheminer vers la
mer Noire, chargé d'un matériel estimé
Fr. 175,000 et accompagné de 5 chirurgiens.
Turcs et Russes reçurent leur lot de cette

assistance qui, dans son application, revêtit diverses formes. Le vaisseau, débarrassé de son chargement, fut affecté au service hospitalier et à celui de transport des blessés; le matériel qui ne fut pas immédiatement donné forma deux dépôts, à Constantinople et à Varna; des ambulances volantes circulèrent en Europe et en Asie; des distributions furent faites en Roumanie et au Monténégro; puis des hôpitaux fonctionnèrent sur plusieurs points, du Danube à la mer Egée. Il eût été difficile à des étrangers de faire plus, et l'on ne peut qu'admirer la générosité, l'activité, les talents administratifs, dont la Croix-Rouge anglaise fit preuve dans ces temps désastreux.

Guerres intestines.

Nous avons consacré bien des pages à raconter comment, en présence de leur objectif, la guerre, les sociétés de secours ont mis en pratique les théories autour desquelles elles s'étaient groupées; mais nous ne nous sommes arrêté jusqu'ici qu'aux faits les plus marquants, aux luttes qui ont permis le mieux

8

à la Croix-Rouge de déployer tous ses effets
et de porter tous ses fruits. Entre ces grandes
dates de l'histoire militaire contemporaine,
se placent de nombreuses levées de boucliers,
dont nous n'avons pas encore parlé, et dans
la succession desquelles la piste de la Croix-
Rouge se suit sans peine. Le trait commun
à toutes ces prises d'armes est de ne pas appartenir à la catégorie des guerres internationales ; on y trouve, par contre, toutes les
variétés de la querelle intestine, depuis la
révolte et l'insurrection, jusqu'à la guerre
civile proprement dite. Un annaliste fidèle ne
saurait se dispenser de jeter au moins un
rapide coup d'œil sur cet ensemble d'évènements, où les expériences intéressantes n'ont
pas fait défaut.

Ce qu'il importe d'y relever, c'est moins la
quotité et le mode de dispensation des secours, que les principes dirigeants auxquels
ont obéi les secoureurs, dans ces occasions où
la ligne de conduite à tenir a pu ne pas leur
apparaître toujours avec une lucidité parfaite.
Il est curieux surtout d'observer l'attitude des
sociétés étrangères, lors de ces conflits in-
térieurs d'où sont nées pour elles des situa-

tions parfois embarrassantes. On n'a pas encore
résolu, en effet, la question de savoir au juste
dans quelle mesure elles peuvent se mêler
à des crises qui n'intéressent directement
qu'un seul Etat.

A défaut de préceptes écrits, qu'il eût été,
nous en convenons, délicat et difficile de for-
muler *a priori*, la Croix-Rouge n'a pas toujours eu d'heureuses inspirations, dans les cas
très divers qui se sont présentés. A notre avis,
elle a péché par de trop fréquentes abstentions, et cela tient, soit à ce qu'elle ne se
sentait pas assez protégée par les lois de la
guerre, soit à ce que les considérations politiques exercent sur elle beaucoup plus d'influence qu'elles n'en devraient avoir. Quoi
qu'il en soit, il nous est loisible de tirer du
passé quelques indications profitables pour
l'avenir. Reprenons donc notre rôle de narrateur.

Les batailles de Monte-Rotondo et de Mentana dans les Etats romains, en 1867, entre
les corps-francs garibaldiens d'une part, les
troupes papales et françaises de l'autre, sont
les premières rencontres où la Croix-Rouge

fut exposée à se trouver dans une condition anormale. A Rome personne ne la connaissait ; Paris, qui aurait pu agir, ne donna pas signe de vie ; les envahisseurs seuls reçurent des secours et une ambulance, que leur envoya le Comité central italien.

Ce même Comité, l'année suivante, s'intéressa encore aux victimes de l'insurrection de Candie ; il leur expédia des dons en nature. Quant à la Société ottomane, elle ne fut d'aucune utilité aux Turcs, par la bonne raison qu'elle n'était pas née.

En 1869, un soulèvement ayant éclaté en Dalmatie, le Comité de Vienne s'acquitta consciencieusement de ses devoirs : il recueillit des secours abondants et les expédia sur les lieux, en les faisant suivre d'un commissaire, chargé de veiller à leur répartition. Malheureusement les insurgés ne voulurent pas admettre la neutralité des ambulances, et le personnel sanitaire, qui se trouvait en péril chaque fois qu'il voulait se rapprocher des combattants, fut réduit à une impuissance presque complète.

Plus près de nous, en 1871, nous trouvons la Commune de Paris. Elle avait soi-disant adhéré à la Convention de Genève, mais cette profession de foi n'était pas sérieuse ; ce qui le prouve bien c'est que, pendant sa lutte contre les « Versaillais », le gouvernement révolutionnaire décréta la dissolution de la Société française de secours, et proféra de terribles menaces pour le cas où cet ordre ne serait pas exécuté. En dépit de ces intimidations et au travers des plus grands périls, les membres et les agents du Comité central accomplirent vaillamment leur tâche. — Il en fut de même du Comité de Marseille qui, le 4 avril 1871, releva les blessés dans les rues de cette ville, au plus fort de l'émeute.

Le calme était à peine revenu en France, que l'Espagne voyait commencer chez elle une insurrection carliste qui devait durer plusieurs années. Dans ces circonstances, l'« Assemblée », ou Comité central madrilène, résolut de ne rien faire en faveur de l'armée républicaine, pour laquelle le service officiel lui paraissait suffisant, et de laisser agir à leur gré celles des sections de la Société qui se trouvaient près du théâtre des hostilités. La Navarre et le Pays Basque eurent ainsi à supporter tout le fardeau de l'œuvre et le sou-

tinrent énergiquement. Tout village un peu
important de cette région eut bientôt son comité, et les petits hôpitaux y pullulèrent. Des
ambulances volantes, qui suivirent les troupes,
assistèrent à tous les combats ; elles eurent des
moments singulièrement difficiles à traverser,
et les grandes épreuves ne leur furent pas épar-
gnées. Dans toutes les gares on établit des
stations de rafraîchissements. Les secours religieux étaient joints aux secours matériels.
Un service de renseignements fut même organisé pour donner des nouvelles des soldats
à leur famille. La Société des dames versa,
de Madrid, beaucoup de dons en nature, dans
les mains de ceux qui pouvaient les utiliser ;
treize à quatorze mille francs furent recueillis
chez les Navarrais eux-mêmes pendant les
années 1872 et 1873.

Les insurgés, sachant qu'ils n'avaient rien
à attendre de la Croix-Rouge dans leur camp,
en instituèrent une contre-façon à leur usage,
sous le nom de « La Charité ».

En 1874 seulement, la guerre se prolon-
geant, la Croix-Rouge des autres pays vint
en aide à celle d'Espagne, par une voie assez
originale. Il s'était fondé spontanément, à

Paris, en faveur des blessés d'alors, un comité, qui se proposait de réunir des fonds et de les répartir également entre les deux armées en présence ; mais aucun organe de la Croix-Rouge n'avait encore consenti à répondre à ses appels, parce qu'ils ne portaient pas l'estampille de l'œuvre, lorsque le président de l'Assemblée de Madrid fit savoir que la Société espagnole investissait le Comité parisien de sa confiance. Il ajouta qu'elle verrait, non seulement sans jalousie mais encore avec satisfaction, les sociétés étrangères remettre à cet agent officieux des offrandes, dont elle trouvait équitable, chrétiennement parlant, que l'armée carliste eût sa part, bien qu'en droit celle-ci ne pût prétendre à être considérée comme belligérante. Mise à l'aise par cette déclaration, la Croix-Rouge délia les cordons de sa bourse : de Belgique, d'Italie, de Suisse, et surtout d'Allemagne et de Russie, plus de Fr. 34,000 prirent le chemin de la France, où ils furent partagés par moitié et transmis ensuite aux destinataires.

La même année, plusieurs émeutes locales surgirent çà et là dans la péninsule ibérique, tandis que la guerre du Nord durait tou-

jours. La Croix-Rouge n'y fit que d'assez in-
signifiantes apparitions, sauf à Carthagène,
où elle brilla d'un vif éclat à l'époque du siège
de cette ville.

A la suite de la guerre civile espagnole se
place l'insurrection de la Bosnie et de l'Herzégovine, qui lui a succédé immédiatement,
en 1875, et qui fut le prélude de la grande
guerre d'Orient, dont nous avons longuement
parlé. Ni la Croix-Rouge, ni rien de semblable
n'existait auprès de l'armée turque chargée
de la répression; aussi le service sanitaire y
fut-il très défectueux. Quant aux rebelles, ils
étaient encore plus dénués de ressources médicales. Dans cette occurrence, la Croix-Rouge
étrangère se tint généralement sur une grande
réserve. La Serbie seule fit acte de présence
dans les provinces soulevées, en envoyant aux
Bosniaques une ambulance de 50 lits, des
provisions d'objets de pharmacie et de chirurgie, ainsi que de l'argent. Quant aux blessés qui réussirent à passer la frontière et se
réfugièrent dans les pays limitrophes, ils n'y
trouvèrent pas tous la Croix-Rouge à son
poste. Ceux qui atteignirent le Monténégro,
où l'institution était encore inconnue, furent

recueillis par une ambulance que la Société russe y avait envoyée exprès pour eux ; ceux qui se dirigèrent vers la Dalmatie furent moins favorisés, et attendirent vainement l'assistance de la Société autrichienne, dans le ressort de laquelle le hasard les avait conduits.

Les Grecs ne craignirent pas, dans une situation analogue, d'intervenir en faveur de leurs voisins. Lors de l'effervescence qui, en 1878, se manifesta dans l'Épire et dans la Thessalie, avec l'appui avéré du gouvernement hellénique, il y eut quelques combats et par conséquent des blessés, que le Comité central d'Athènes abrita sur le territoire de son propre pays, à Lamia, à Giannitzon, à Corfou et ailleurs.

Nous n'avons plus à mentionner, dans ce chapitre, que l'occupation de la Bosnie, en 1878, par les Austro-Hongrois, lesquels, quoique s'y présentant en vertu du traité de Berlin, rencontrèrent une résistance armée de la part des habitants. Le Comité central de Vienne prit immédiatement les mesures nécessaires, pour procurer des secours à l'armée autrichienne. Il reçut 2600 cadeaux en nature, et plus de Fr. 700,000 en argent, dont 62,000 de provenance étrangère. Des délégués, envoyés auprès des divers corps de troupes, effectuèrent les distributions le plus judicieusement possible.

L'insurrection qui éclata dans le même pays, en 1881, ramena la Croix-Rouge autrichienne sur les lieux. D'accord avec le Ministre de la guerre elle créa trois dépôts de matériel, à Raguse, Mostar et Serajevo. Puis, elle expédia de Vienne, pour la circulation sur les mauvaises routes du pays, deux convois sanitaires, formés chacun d'un fourgon et de 7 voitures à l'usage des blessés ; mais l'état des voies de communication était si défectueux, que ces véhicules ne purent pas toujours avoir accès jusque sur les champs de bataille.

L'impression dominante qui se dégage pour nous de la revue rapide que nous venons de passer, c'est qu'il est temps de régulariser la manière dont la Croix-Rouge doit se comporter en présence des guerres intestines, ainsi qu'on l'a fait pour les guerres internationales. On ne voit pas pourquoi elle ne préciserait pas ses obligations dans l'un comme dans l'autre cas. Si nous avions à donner notre préavis sur ce point, nous conseillerions volontiers de dire que :

1º Dans l'intérieur de leur propre pays, les sociétés doivent assistance à tous les combattants blessés qu'elles peuvent atteindre, lors même que ceux-ci ne sont que des fugitifs frappés dans des engagements entre étrangers sur terre étrangère, et quel que soit l'habit qu'ils portent ou le parti auquel ils appartiennent.

2º Hors de leur pays, les sociétés de la Croix-Rouge doivent seconder les sociétés sœurs qui réclament leur appui, aussi bien dans les guerres civiles que dans les guerres internationales, mais elles ne doivent entretenir aucun rapport avec des rebelles.

3º Les Sociétés doivent s'abstenir de toute intervention, en cas de guerre civile, dans l'intérieur des pays où la Croix-Rouge n'a pas de représentation nationale.

En fait, on s'est très souvent écarté de ces trois règles, qui nous apparaissent comme la conséquence rigoureuse des idées sur lesquelles toute l'œuvre repose. Ceux qui les ont violées n'en ont éprouvé cependant aucun préjudice, et il n'y a pas lieu de leur reprocher des irrégularités commises à bonne intention, mais nous verrions à regret ces précédents faire autorité. En les suivant trop fidèlement, telle société pourrait bien, dans de certaines hypothèses, se faire un tort réel, tandis que le programme que nous avons essayé de tracer n'a rien de compromettant. Il est à la fois plus large à certains égards et plus étroit à d'autres, que celui qui a été observé d'instinct jusqu'à présent. Par son côté positif il est, croyons-nous, irréprochable, et pourtant on n'a pas toujours fait ce qu'il prescrit; par les interdictions qu'il renferme, il n'est pas non plus en parfaite concordance avec le passé, mais il est plus conforme à la sagesse, étant données les susceptibilités qu'éveillent aisément les relations de peuple à peuple, et avec lesquelles il faut compter.

Guerres extra-européennes

Les sociétés nationales de secours étant essentiellement des auxiliaires de leurs armées respectives, sont attachées à la fortune de ces

dernières. Elles seraient donc mal venues à
se récuser, lors même qu'il s'agirait de les
suivre dans des expéditions lointaines, et d'affronter des ennemis plus ou moins sauvages
ou barbares, qui n'entendraient point le droit
des gens à la manière de la Convention de
Genève.

Cette pensée, hâtons-nous de le dire, n'a
jamais été la leur, et, quand les puissances
européennes ont eu des luttes à soutenir dans
d'autres continents, la Croix-Rouge y a presque toujours suivi leurs soldats. La Russie et
la Hollande en Asie, la Grande-Bretagne et
la France en Afrique, en offrent la preuve.

C'est à deux reprises que la Croix-Rouge
russe a été mise en demeure de faire des incursions du côté de l'Orient.

Une première fois, en 1873, elle accompagna
le corps expéditionnaire qui se portait contre
Khiva. Deux médecins et cinq aides franchirent
les steppes khirgizes, mais le convoi de
matériel qu'ils traînaient après eux ne fut
pas transporté sans peine au delà du désert ;
une partie même y resta. On voyagea en traî-
neau, puis à dos de chameau, à travers mille

privations ; les bêtes de somme firent souvent défaut, et leur rareté créa de grands embarras. De brusques changements de température, le manque d'eau, causèrent beaucoup de souffrances aux troupes. Pendant ces longues marches, les soins donnés par les agents de la Croix-Rouge furent précieux à une infinité d'hommes, dont tant de vicissitudes altéraient la santé. Les secoureurs arrivèrent jusqu'à Khiva ; ils y étaient au moment de l'assaut et purent s'y employer selon leur désir. Puis, leurs ressources s'épuisant et ne pouvant être renouvelées sur place, la campagne d'ailleurs touchant à sa fin, ils revinrent en Russie après une absence de six mois.

A la fin de l'année 1880, il fallut partir de nouveau pour des régions inhospitalières. Il s'agissait alors de pénétrer dans le pays des Akhals-Tékés, au voisinage de la Perse. Ces lieux, quoique d'un abord difficile, étaient cependant plus accessibles que Khiva ; la Société russe, d'autre part, était plus expérimentée qu'en 1873, aussi l'assistance fut-elle plus complète. Le personnel envoyé ne comprit pas moins de 117 individus, dont 9 sœurs de charité. La difficulté de se procurer des

approvisionnements en route, et la lenteur
des communications quand on voulait en faire
venir d'Europe, furent de constants obstacles
à l'œuvre des secours libres. Pourtant on fit
beaucoup. Après être restés tout un mois sous
le feu de l'ennemi, les représentants de la
Croix-Rouge se conduisirent héroïquement à
la prise de Ghéok-Tépé. Ils marchèrent immédiatement après l'avant-garde, précédant
ainsi la colonne d'assaut, mais ils payèrent
cher cet acte de courage, car ils eurent dans
cette affaire six blessés et douze morts. Le
délégué du Comité central fut ensuite chargé,
par le commandant en chef, de diriger le
service des évacuations, auquel ses subordonnés volontaires furent naturellement les
premiers employés. Une fois au bord de la
mer Caspienne, les blessés étaient embarqués
sur une chaloupe appartenant à la Croix-
Rouge, puis transbordés un peu plus loin
sur un navire aménagé par elle, et rapatriés
ainsi sans fatigue.

Dans la Malaisie, à l'autre extrémité du
monde asiatique, les Hollandais ont étendu
la renommée de la Croix-Rouge par un dé-

ploiement d'activité qui égale celui des Russes dans le Turkestan. Quoique située aux antipodes, la riche colonie des Indes néerlandaises avait été électrisée lors de la guerre franco-allemande, et, dès 1870, Batavia avait possédé un comité qui, fondé pour secourir les blessés d'Europe, avait été appelé la même année à pourvoir aussi aux besoins sanitaires d'un corps de l'armée coloniale, envoyé contre des sauvages de l'île de Bornéo. Ce comité était resté ensuite vivace, malgré la paix, en sorte qu'il se trouva sur pied lorsque, au mois de mars 1873, le gouvernement déclara la guerre au sultan d'Atchin, et entreprit une lutte interminable contre ce souverain, possesseur de la pointe septentrionale de l'île de Sumatra.

Au rebours de ce qui s'était vu trois ans auparavant, ce fut la mère-patrie qui rendit largement à la colonie ce qu'elle en avait reçu. A la première nouvelle de l'expédition, le Comité supérieur de La Haye vota un subside de plus de Fr. 50,000, auquel de nombreux suppléments s'ajoutèrent plus tard; Rotterdam offrit Fr. 20,000, et ce fut, dans tout le royaume, à qui mettrait le plus d'em-

pressement à donner. Un matériel considérable fut aussi réuni et embarqué pour ces
lointains parages, mais on y aurait vainement
cherché des approvisionnements médicaux,
ou du moins il y en eut fort peu. Les car-
gaisons se composaient surtout d'aliments
réconfortants, de fruits frais, de boissons
diverses et surtout de bière, de glace, puis
de tabac et de pipes en bois, de savon, d'une
profusion de livres et enfin de jeux. Pour
comprendre la portée sanitaire de ces dons,
qui dans nos climats tempérés ne nous sem-
bleraient pas tous de première nécessité, il
faut penser qu'ils étaient destinés à combat-
tre l'influence néfaste d'une atmosphère tro-
picale, la nostalgie d'Européens dépaysés,
les conséquences d'un service pénible ou
d'une oisiveté prolongée à bord de navires
en croisière de blocus. Ces fournitures, propres à entretenir parmi les troupes une gaîté
et une bonne humeur hygiéniques, étaient au
surplus celles qu'avait demandées le Comité
javanais, bien placé pour savoir ce qui était
le plus urgent et ce dont il était lui-même le
plus dépourvu.

L'assistance médicale proprement dite fut

réservée tout entière à l'État, dont le service officiel était excellent, et pouvait suffire dans une guerre où il y avait plus de petits combats que de grandes batailles. La Croix-Rouge se résigna d'autant plus aisément à ne pas envoyer des ambulances à l'armée, qu'elles n'auraient pu s'y rendre utiles, soit à cause des conditions climatériques intolérables pour des Occidentaux, soit à cause de la sauvagerie des Atchinois. Un délégué du Comité central de Batavia a cependant assisté à tous les engagements, et aidé à faire le premier pansement aux blessés.

De toutes les parties de l'Archipel, la Croix-Rouge reçut des preuves de sympathie. La population indigène se montra d'une grande générosité. Les Chinois, qui abondent dans les territoires soumis à la domination hollandaise, se conduisirent aussi très bien; un des leurs, en particulier, se signala par son zèle au sein du comité de Padang, dont il était membre. Les soldats de l'armée eux-mêmes apportèrent leur obole. Chaque éditeur de journal livra gratuitement dix exemplaires de sa publication. Le chemin de fer prêta son concours sans rétribution. On peut dire que la guerre d'Atchin a révélé, chez les habitants des Indes néerlandaises, des vertus qui leur font le plus grand honneur.

N'oublions pas d'ajouter, que le Comité central allemand a spontanément alloué Fr. 25,000 aux Hollandais, pour les besoins de leur Croix-Rouge aux îles de la Sonde.

Quoique l'Angleterre ait eu plusieurs fois à guerroyer en Afrique depuis quelques années, sa Croix-Rouge n'y a pas accompli d'exploits bien remarquables. Elle était absente de l'expédition au royaume des Achantis, en 1873; mais, en 1879, elle est apparue dans la colonie de Natal, lors de l'attaque contre les Zoulous. Le Comité central de Londres vota une somme de 1000 livres sterling (Fr. 25,000) pour l'érection d'un hôpital si besoin était, et il envoya un fondé de pouvoirs sur les lieux, en l'autorisant à dépenser tout ce qui serait nécessaire. Cet agent s'assura par lui-même que le service médical n'avait pas besoin d'être augmenté. Secondé par divers comités fondés dans l'Afrique australe, à Durban et ailleurs, il s'efforça seulement d'augmenter le confort, ou plutôt de

diminuer l'inconfort des malades et des blessés. On put voir là, comme aux Indes, combien les soldats jouissaient de la lecture des
journaux d'Europe qu'on leur prêtait. Des
douceurs, particulièrement du tabac, furent
procurées aussi aux blessés rapatriés en Angleterre, pendant leur traversée.

En 1880 et 1881, durant les hostilités contre les Boers du Transvaal et contre les Bas-
soutos, nous n'avons pas appris que le Comité
de Londres ait fait acte de présence. La seule
société de la Croix-Rouge qui se soit mise en
campagne à cette occasion a été la Société
néerlandaise. La communauté de race éveilla
en Hollande une très vive sympathie en faveurs des Boers, et on la leur témoigna par
des secours sanitaires abondants, puis par
l'envoi de médecins. Un comité néerlandais
de la Croix-Rouge fut constitué dans la ville
du Cap pour diriger les opérations. Il offrit
même, pour qu'on ne se méprit pas sur ses
intentions, son concours aux commandants
des troupes anglaises, qui le refusèrent. Outre beaucoup de dons en nature, on recueillit
dans les Pays-Bas 54,791 florins (plus de
Fr. 115,000), et le Comité de Batavia, mal-

gré son éloignement, en envoya 10,000
(Fr. 21,000).

Les expéditions françaises au sud de l'Algérie et dans la Tunisie, en 1881, sont les évènements les plus récents dont nous ayons à
parler. Il va de soi que nous laissons de
côté les Arabes, chez lesquels on chercherait
vainement une Croix-Rouge, et même un
Croissant-Rouge, et que ce n'est que du côté
de leurs adversaires que nous devons nous
attendre à rencontrer des manifestations charitables. Elles se sont produites en effet.

Le premier soin de la Société française fut
d'étendre ses ramifications à Alger, à Oran, à
Bône, et plus tard à Tunis; puis d'offrir ses
services au Ministre de la guerre. Celui-ci lui
promit d'accepter avec reconnaissance les ressources de diverse nature qu'elle verserait
entre ses mains, mais ne lui demanda point
de personnel hospitalier ni de concours administratif, qui n'eussent pourtant pas été super-
flus. Ainsi guidée par l'autorité, aux décisions de laquelle elle devait se soumettre, la
Croix-Rouge fit franchir la Méditerranée à
43 envois successifs d'objets, représentant une

valeur de Fr. 90,000, somme équivalente au
produit d'une souscription publique, ouverte
pour couvrir ces débours. Les Comités dépar-
tementaux de Lille, Calais, Bordeaux et Marseille se mirent en communication directe
avec l'Afrique, et complétèrent, par leurs
offrandes, celles du Comité central. — Il faut
y joindre une somme de Fr. 3000 donnée par
la Société grecque de la Croix-Rouge.

Dans l'Oranais, les dons furent remis à l'intendance militaire qui, d'accord avec ceux qui
les lui apportaient, en régla la répartition ;
14 hôpitaux du nord et de l'intérieur de la
province, et 9 ambulances des colonnes de
marche en eurent leur part. En Tunisie, la
Croix-Rouge jouit de plus de liberté et distribua le plus souvent ses largesses elle-même,
sur tous les points de la Régence où flotta le
drapeau tricolore, de Bizerte à Gabès et à l'île
de Djerba, aussi bien qu'au Kef et à Kairouan.
En Europe, le Comité de Paris mit en état,
pour le rapatriement des blessés, un train
sanitaire qu'il possédait, mais l'administration ne jugea pas à propos de l'utiliser. Il
alloua aussi des subsides aux blessés indigents
rentrés dans leurs foyers.

Ce qui mérite le plus d'être relevé, dans les expériences de cette campagne, c'est l'influence exercée par le décret du 2 mars 1878 (¹), qui règle les attributions de la Société française. Aussi reproduirons-nous, en terminant, les expressions dont s'est servi son président, Mgr. le duc de Nemours, pour caractériser cet essai : « Nous aimons à reconnaître, » a-t-il dit, « que, sans remplir peut-être toutes nos espérances, cette première application du décret qui nous régit nous a ménagé plus d'un sujet d'encouragement. Dans des rapports d'une correction parfaite, la Société de secours croit avoir montré, envers le Département de la guerre, les sentiments d'un auxiliaire dévoué, dont le zèle sait se soumettre aux exigences de la discipline ; et le pouvoir militaire, de son côté, tout en n'admettant l'intervention de l'œuvre que dans une mesure très restreinte, a su néanmoins confirmer son autorité, en ramenant dans les cadres de son personnel les hospitaliers volontaires qui s'offraient à lui, en maintenant les forces et les ressources de l'assistance privée centrali-

(¹) Voir page 46.

sées sous sa direction, en consacrant, en un mot, l'intégralité des droits que le décret de 1878 lui confère. Par cette première épreuve se trouve resserré le lien de sympathie qui doit unir la Société de secours à l'armée. »

Une autre guerre encore doit être citée dans ce chapitre, où elle forme une catégorie distincte, en ce sens que la Croix-Rouge d'outre-mer y a seule participé. C'est celle qui, de 1879 à 1881, a sévi dans l'Amérique du Sud, entre le Chili d'une part, la Bolivie et le Pérou de l'autre. Des trois États belligérants, il n'y en eut qu'un, le Pérou, où une association nationale représenta l'Œuvre dont nous nous occupons. Encore cette Société péruvienne de la Croix-Rouge ne naquit-elle qu'après que la lutte eut été engagée, et disparut-elle de la scène avant l'heure critique de la prise de Lima. Une de ses ambulances, celle du Callao, remplit un rôle actif dans ce port, mais c'est l'unique trace qu'elle ait laissée de ses bonnes intentions.

Nous atteignons ici, non sans un véritable soulagement, le terme de notre récit, dont la monotonie doit avoir fatigué quiconque a bien voulu l'écouter jusqu'au bout. Les redites y sont nombreuses, car il est confiné dans un ordre de faits peu variés. Nous nous consolons un peu, cependant, de la pauvreté du vocabulaire qui a ramené sans cesse les mêmes expressions sous notre plume, par l'espoir que ces répétitions fréquentes auront eu indirectement leur utilité. Qui sait, si, en entremêlant à satiété les noms de la guerre et de son cortège de maux, avec celui de la charité et de son auréole de bienfaits, nous n'aurons pas familiarisé insensiblement l'esprit du lecteur, malgré qu'il en ait, avec la parenté nouvelle que la Croix-Rouge a scellée entre deux familles de locutions, jus-qu'alors presque étrangères l'une à l'autre, ou plutôt entre deux sortes d'actes fort hété-rogènes, car le langage sur ce point n'est que le reflet de l'histoire? Là où il semblait jadis que l'incompatibilité fût dans la nature des choses, il y a rapprochement aujourd'hui; l'effort humain qui relève, console et guérit,

s'est juxtaposé à celui qui blesse, mutile et
martyrise. Ce sont comme deux courants dis-
parates, impuissants à se neutraliser, et qui
ne marchent de compagnie qu'à la faveur
d'une inconséquence, si justement relevée par
le poète, quand, à propos d'ennemis, il a mis
dans la bouche d'un enfant cette question
naïve :

« Pourquoi les blesse-t-on, puisqu'on les soigne après ? » ([1])

II. LA CONVENTION DE GENÈVE

L'ordre méthodique de nos observations
nous ramène maintenant vers la Convention
de Genève, dont l'histoire demande à être
étudiée parallèlement à celle des sociétés de
secours, car l'une complète l'autre, et elles
constituent, par leur assemblage, le tableau
général de la Croix-Rouge. Si, contre toute
attente, il régnait encore dans l'esprit de nos
lecteurs quelque indécision sur la différence
des moyens par lesquels les sociétés et la
Convention concourent à l'amélioration du

([1]) Hollard : *Souvenirs d'une Sœur.*

sort des blessés, elle se dissiperait par le récit
que nous entreprenons à cette heure. Ce n'est
plus d'une œuvre de bienfaisance que nous
allons leur parler, mais d'une loi d'amour,
dont l'efficacité devra se révéler par l'abandon
de vieilles coutumes, et l'adoption d'usages
en harmonie avec l'adoucissement des mœurs
de notre siècle, plutôt que par des inventions
et des perfectionnements tangibles.

La première occasion qui se présenta d'appliquer la Convention fut la guerre de 1866,
dans laquelle l'Autriche eut à se défendre
contre la Prusse au Nord et contre l'Italie au
Sud, tandis que les États secondaires de
l'Allemagne avaient pris parti, suivant leurs
affinités, pour l'une ou pour l'autre des deux
grandes puissances germaniques. Il n'était
pas présumable que, pendant cette campagne,
le traité de Genève reçût sa pleine exécution,
car il allait y être expérimenté dans des conditions assez imparfaites.

Devant l'imminence du conflit, quelques-
uns des membres de la Diète de Francfort,
que des scrupules constitutionnels avaient
seuls retenus jusqu'alors, désespérant de voir

cette assemblée impuissante se prononcer
pour le compte de tous les Etats qui y siégeaient, se décidèrent à se rallier séparément
à la Convention. Ce fut d'abord le Wurtemberg, puis la Hesse-Darmstadt et la Bavière.
Le Comité international joua un rôle actif
dans les négociations qui aboutirent à cet
heureux résultat, mais ses efforts demeurèrent
infructueux auprès des autres retardataires.
L'Autriche et quelques-uns de ses alliés, —
la Saxe royale, le Hanovre, la Hesse électo-
rale, — se refusèrent avec persistance à imiter
les autres belligérants et à donner leur
signature. L'accord ne s'établit donc que partiellement, et la question se posa de savoir
quelle ligne de conduite tiendraient les puissances contractantes à l'égard des autres. La
balance pencha, grâce à Dieu, du côté de la
générosité. Une déclaration de la Prusse fit
savoir que, quelle que fût l'attitude de ses
ennemis à son égard, elle les mettrait au
bénéfice de la Convention, et elle tint parole ;
ses médecins se laissèrent capturer en s'exposant pour soigner des adversaires, tandis
qu'ailleurs leurs confrères autrichiens aban-
donnaient leurs propres blessés, au grand

détriment de ces derniers. La leçon ne fut
pas perdue. L'Autriche, peu après sa défaite
de Sadowa, reconnut son erreur et vint à
résipiscence. Elle racheta dès lors, par son
attachement pour la Convention, son erreur
des premiers jours, et cette guerre eut pour
effet, — comme toutes celles qui suivirent, —
d'accroître le nombre des adhérents à ce
traité, sans lui en enlever aucun. C'est assurément la preuve la plus indiscutable que l'on
puisse donner de son innocuité et de sa bien-
faisante influence.

L'imbroglio qui, en 1866, résulta de ce que,
parmi les soutiens de la cause impériale, les
uns étaient liés par la Convention de Genève,
tandis que les autres ne l'étaient pas, eut,
entre autres conséquences bizarres, celle
d'obliger les Autrichiens faisant partie d'un
corps mixte, commandé par le prince de Hesse,
à observer la Convention par ordre de leur
général, tandis que ceux qui, sur d'autres
points du théâtre de la guerre, obéissaient à
des chefs autrichiens eux-mêmes, en furent
dispensés.

Quand, en 1870, les hostilités furent dé-

clarées entre la France et l'Allemagne, on
put croire qu'on allait assister à une épreuve
décisive. Non seulement les puissances rivales
étaient d'entre les plus civilisées, mais encore
elles avaient donné un gage certain de leurs
sentiments humains, par leur empressement
à se ranger parmi les partisans de la Convention. L'empereur Napoléon et le roi Guillaume
avaient même contribué beaucoup à sa conclusion. Il n'y avait donc pas à douter que,
dans leur duel, les lois de l'honneur et les
engagements pris ne fussent observés. A la
dernière heure, les deux champions rendirent
cette conjecture plus plausible encore, en
déclarant qu'ils iraient au delà de leur devoir
strict, et tiendraient pour valables les articles
additionnels projetés en 1868, bien que ceux-
ci ne fussent pas obligatoires.

L'évènement ne répondit pas pleinement à
ces espérances ; il fallut en rabattre, et reconnaître que bien des obstacles empêchaient
encore la Convention de porter tous les bons
fruits qu'on s'en était promis. Quelques-unes
de ses dispositions, prises à la lettre, apparurent comme inexécutables, — par exemple
celle qui accorde des exemptions de charges

aux habitants secourables (art. 5), et plus encore celle qui affranchit de la captivité les blessés prisonniers (art. 5 addit.). On s'aperçut aussi que l'emploi du brassard et du drapeau internationaux n'était pas entouré d'assez de garanties. Il avait, en effet, engendré d'innombrables abus, auxquels les autorités, tant allemandes que françaises, avaient dû essayer de mettre un terme par des interdictions sévères mais tardives. Enfin la Convention était presque inconnue des Français, et cette ignorance eut des suites désastreuses. On a quelque peine à comprendre pourquoi le gouvernement français, après avoir protesté de son attachement aux principes de la Convention, ne leur avait pas donné de publicité, n'en avait fait l'objet d'aucun manifeste, d'aucun ordre du jour à l'armée, et n'avait pas pourvu son service sanitaire de drapeaux et de brassards spéciaux. Les Allemands, que l'on avait instruits de leurs droits et de leurs devoirs, ne pouvaient supposer leurs adversaires moins bien renseignés qu'eux, et leur première pensée fut, naturellement, d'attribuer à la mauvaise foi les erreurs dont ils souffraient. Il fallut beaucoup de temps avant

que ces malentendus cessassent, ou du moins
devinssent moins fréquents. Grâce à eux, les
haines s'envenimaient ; chaque faute soulevait
des récriminations, puis des représailles, sur
lesquelles le parti qui les subissait renchéris-
sait à son tour. On se représente aisément
combien un semblable état de choses poussait aux atrocités, que le législateur avait eu
précisément pour but de bannir, mais il ne
serait pas juste d'en rendre la Convention
responsable. Elle en est innocente. Si, par
suite de ses imperfections, elle n'a pas produit
tout le bien qu'on en attendait, du moins n'a-t-
elle pas été une cause directe de mal, et nous
croyons fermement que, sans l'incurie des
administrations publiques, la plupart des méfaits constatés auraient été évités.

A côté de cela, nous admettons que, de part
et d'autre, il y a eu aussi des infractions im-
putables à l'extrême animosité qui régnait
entre les belligérants. Des commandements
qui ne s'appuient sur aucune sanction pénale,
sont un bien faible rempart contre les passions déchaînées par l'ardeur du combat, et
il n'y a guère que les natures d'élite qui, dans
ces conditions, soient capables de maîtriser

leurs penchants naturels. « Ce sont là, dit le
Dr Lueder, des excès excusables chez des
hommes excités par la guerre, qu'aucune loi
ne peut empêcher, que l'on ne peut reprocher à aucun peuple comme le concernant
seul, et qui, lorsqu'ils sont commis par les
membres d'une nation que la défaite a rendue
plus susceptible et qui a l'ennemi dans son
propre pays, ont droit à être jugés avec une
indulgence particulière. »

Il nous en coûte néanmoins d'avoir à relever
ces défaillances, mais, en historien fidèle,
nous devions d'autant moins les taire que, les
belligérants se les étant reprochées dans des
publications qui, malgré leur caractère officiel, ne sont pas toutes exemptes d'exagéra-
tion, il importait de les présenter sous leur
vrai jour. Nous prévoyons d'ailleurs que, plus
tard, elles serviront à attester la réalité de
progrès accomplis, et fourniront, pour les
guerres futures, un terme de comparaison
fort utile.

Et puis ce n'est, à tout prendre, que le
côté sombre d'un tableau qui a ses parties
lumineuses et même brillantes, sous l'impression desquelles nous désirons laisser le

lecteur. Qu'on nous permette de céder encore
la parole, à ce propos, au savant historien de
la Convention. « Il y a eu heureusement, dit-
il, des expériences bonnes et bénies à opposer
aux mauvaises. Nous devons reconnaître avec
gratitude que nous en avons constaté d'excel-
lentes, et que, si nous n'eussions pas eu la
Convention de Genève, les souffrances de cette
guerre sanglante n'auraient pas pû être adoucies comme elles l'ont été. Elle seule a rendu
possible le soulagement des souffrances des
militaires blessés et malades, dans une mesure
beaucoup plus large que pour aucune des
guerres précédentes. »

Toute l'œuvre des sociétés de secours, en
particulier, dont nous avons montré l'étendue
et les bienfaits, eût été paralysée, sans la
protection qu'elle trouvait dans le nouveau
droit des gens. Elle doit donc être portée à
l'actif de la Convention. Puis il faudrait pouvoir calculer, pour l'ajouter à ce résultat positif, tout ce que le traité de Genève a empêché
de violences, permises et généralement prati-
quées antérieurement. Les intéressés ont
noté avec soin leurs torts réciproques et ne
se sont pas épargné les reproches. Ils en ont

fait plus de bruit que des traits de pitié ou
de clémence que leur a valu la Convention,
de la part de ceux qui étaient imbus de son
esprit. Ce contingent d'abstentions mis dans
la balance y pèserait d'un grand poids, il y a
tout lieu de le croire, mais de semblables
influences échappent à la statistique, par leur
caractère négatif, et par le silence habituel
de ceux qui en pourraient témoigner.

Veiller à ce que la Convention soit respectée,
n'entre pas précisément dans le mandat des
sociétés de secours ; elles ne sont pas inves-
ties de l'autorité nécessaire pour cela, et ce
soin revient aux chefs militaires. Cependant,
il leur importe extrêmement que les lois de
la guerre ne soient pas enfreintes, et l'on
apprendra sans étonnement qu'elles se sont
ingéniées pour travailler dans ce sens.

Le Comité central de Berlin s'en préoccupa
le premier ; au moment où les troupes allemandes se mirent en route, il leur fit distribuer, à 80,000 exemplaires, le texte français
et allemand de la Convention, accompagné
d'une courte instruction explicative. Trois
mois plus tard, le Comité de Paris, convaincu
de la nécessité de répandre les mêmes con-

naissances parmi les Français, fit imprimer de son côté une notice analogue, à laquelle il ne put donner qu'une publicité restreinte, car c'était pendant le siège de la capitale.

Le Comité international intervint à son tour, mais par des moyens différents. Il ne recula pas devant la responsabilité de démarches directes auprès des gouvernements belligérants, pour leur rappeler certaines de leurs obligations dont ils s'affranchissaient. Il ne le fit, cela s'entend, que lorsque ses plaintes purent reposer sur des faits assez avérés et assez multipliés pour ne l'exposer à aucun démenti. C'est ainsi qu'il adressa ses doléances au ministère français, touchant soit l'ignorance qui régnait dans son armée relativement à la Convention, soit le non-usage du brassard international. Cette requête ayant été remise au destinataire peu de jours avant la révolution du 4 septembre, demeura sans réponse. Du côté des Allemands, le Comité international réclama, en vertu de l'article 5 additionnel, le renvoi en France, après guérison, des blessés capturés. L'autorité compétente daigna statuer sur cette réclamation, mais elle se retrancha, pour maintenir son droit de ne pas exécuter l'article en question, derrière une exception prévue par le texte invoqué, et déclara que « les circonstances s'opposaient » à ce qu'elle modifiât sa manière d'agir. On obtint pourtant que les hommes hors d'état de reprendre du service fussent libérés, mais l'adoption de cette règle ne fut pas absolue et l'on y dérogea souvent.

La guerre d'Orient, qui fut inaugurée en 1876 par l'entrée en campagne du Monténégro et de la Serbie, s'entama d'une façon très fausse au point de vue de la Convention. La Turquie avait protesté contre l'adhésion récente des deux principautés au traité de Genève, parce qu'elle estimait que sa propre adhésion, déjà ancienne, impliquait celle des États placés sous sa suzeraineté. Avait-elle du moins prévenu les Serbes et les Monténégrins des engagements pris en leur nom ? Nullement. Bien plus, les commandants turcs eux-mêmes, de l'aveu de leurs compatriotes, semblaient ignorer totalement les clauses du pacte de 1864, et l'on fut très surpris de voir, dès les premiers combats, qu'ils se croyaient tout permis. Tandis que les Serbes recueillaient et soignaient les blessés ennemis à l'égal de leurs propres soldats, dans l'autre camp les prisonniers étaient impitoyablement massacrés, avec des raffinements de supplices inouïs. Ces faits se renouvelant, le cabinet serbe adressa une protestation aux représentants des puissances européennes à Belgrade. Les gouvernements qui en furent nantis s'émurent de la conduite de l'armée ottomane, et adressèrent des remontrances à Constantinople. La Société de secours de cette ville présenta de son côté une supplique au Sultan dans le même sens, et en reçut la promesse que des ordres seraient donnés, pour que dorénavant les troupes observassent les lois de la guerre. Si des mesures *ad hoc* furent effectivement prises, leur efficacité fut absolument nulle, car les agissements qui avaient si tristement marqué la première phase de la lutte se renouvelèrent jusqu'à la fin. Ils furent même plus graves, en ceci que les soldats de l'armée régulière s'en rendirent coupables, tandis que précédemment on n'en avait accusé que les bandes indisciplinées des Tcherkesses et des bachi-bozouks. La Serbie en fit l'objet d'une seconde note, remise aux agents diplomatiques accrédités auprès de son prince.

Dans la dernière période de la guerre, les Turcs, en présence des Russes et des Roumains, ne modifièrent pas leurs allures, et la presse enregistra des plaintes continuelles contre leur barbarie. Ils y répondirent, tantôt par des dénégations, tantôt par des récriminations du même genre. Ces échanges de propos furent toujours stériles, car, après les affirmations d'une des parties intéressées et les protestations de l'autre, la vérité n'apparaissait guère plus clairement. Nous ne voudrions pas, en citant des cas particuliers, risquer de réveiller des animosités que le temps doit avoir assoupies ; mais un exemple est nécessaire, pour montrer dans quelle impasse on se trouvait. Au mois de juillet 1877, les Russes, occupant les batteries turques du défilé de Chipka, y trouvèrent les corps décapités et mutilés d'une trentaine des leurs ; ils l'attestèrent dans une note officielle transmise à toutes les puissances, et celles-ci, y ajoutant foi, invitèrent la Turquie à prendre des précautions pour que pareille chose ne se renouvelât pas. Le grand-vizir se contenta de répondre que ce que l'on reprochait aux troupes impériales leur était formellement interdit, et que leurs

commandants veillaient, avec une sollicitude
toute particulière, à ce qu'elles ne tuassent ni
les prisonniers ni les blessés ennemis. Il
ajouta qu'un grand nombre de ces derniers
se trouvaient dans les hôpitaux turcs, puis il
réclama à son tour contre des infractions dont
les Russes s'étaient rendus coupables, disait-
il, au détriment des Turcs. Ainsi les démarches les plus solennelles n'aboutissaient pas.

On a dit pour expliquer, sinon pour justifier
une partie des horreurs qui se commirent,
qu'il s'agissait d'une guerre de race, et que,
par conséquent, elle devait être implacable.
Mais, à ce compte-là, tous les belligérants
auraient dû agir de même, tandis qu'il est
avéré que les violations ont été habituelles
d'un côté, tandis qu'elles ne se présentaient
qu'accidentellement de l'autre. La guerre
franco-allemande avait aussi été une guerre
de race et une guerre acharnée, et néanmoins
on ne s'y était pas livré à des actes de sauvagerie comparables à ceux dont la presqu'île
des Balkans fut le théâtre. D'autres considérations suffisént amplement à faire comprendre pourquoi la Convention de Genève a été
si souvent méconnue en Orient, et pourquoi

elle l'a été principalement, quoique non exclusivement, par les Turcs.

Il y eut d'abord, comme en 1870, une
grande inégalité d'instruction, quant aux lois
de la guerre, entre les deux camps. L'armée
ottomane connaissait-elle la Convention de
Genève ? Nous avons déjà dit qu'au début des
hostilités, ses chefs ne se doutaient pas de
l'existence de ce document ; le gouvernement
affirma plus tard que des mesures avaient été
prises pour faire cesser leur ignorance, mais
il est regrettable qu'il n'ait jamais divulgué, à
l'appui de son dire, le texte ni la date des
actes officiels propres à le justifier. La conduite des soldats turcs n'a pas moins constamment laissé à désirer, ce qui prouve que les
ordres supérieurs n'ont pas été donnés en
temps utile, ou qu'ils n'ont pas reçu assez de
publicité. Il faut bien que cette supposition
soit fondée, puisque le Comité de secours de
Constantinople a senti la nécessité de publier
lui-même le texte français et turc de la Convention. Il ne le répandit malheureusement
que parmi ses propres agents, et bien près du
moment où la paix allait se conclure, ensorte
que sa distribution, excellente en soi, ne servit

guère qu'à faire ressortir le mal auquel elle devait parer.

Chez les ennemis de la Turquie cette grave lacune n'exista pas. Un ukase du 24 mai 1877 prescrivit à l'armée russe l'observation du droit des gens, et spécialement celle de la Convention de Genève. Puis, cette même armée reçut à profusion une brochure qui, imprimée par les soins de la Société de la Croix-Rouge, contenait les articles de la Convention, suivis d'un commentaire succinct à la portée des soldats. Les Roumains avaient été aussi formés, comme il convenait, d'après les nouvelles doctrines ; il n'est pas permis d'en douter, lorsqu'on envisage l'humanité qu'ils ont montrée, et que des attestations d'origine turque ont reconnue. Quant aux Serbes, on peut assimiler leurs agissements à ceux des Roumains, et il semble que « l'Instruction sur la Convention de Genève », officiellement répandue parmi eux au mois de décembre, n'ait été qu'un surcroît de précautions, une façon de corroborer des enseignements antérieurs. Quoi qu'il en soit, cette ordonnance mérite d'être citée avec éloges et contient une clause originale, recommandée peu auparavant par

« l'Institut de droit international. » Il y est dit
que tout officier de l'armée serbe doit signer
un récépissé de cette pièce, afin de bien établir
sa responsabilité. Une telle exigence atteste
hautement la ferme volonté de l'autorité de
laquelle elle procède, et doit mettre un frein
puissant aux entraînements de la soldatesque.

Tous les belligérants n'étaient donc pas sur
le même pied, relativement à leur initiation
aux règles qu'ils étaient obligés de suivre, et
cette différence dut produire une disparate
correspondante dans les actes des uns et des
autres.

Une circonstance d'ordre religieux fit aussi
pencher la balance du même côté. Si l'on
songe que c'était entre chrétiens et musulmans qu'on se battait, et que les préceptes de
l'islamisme sont peu d'accord avec ceux du
christianisme, quant à la conduite à tenir envers les infidèles, on aura la clef de la plupart
des difficultés que la Convention de Genève a
fait surgir pendant cette campagne.

Il y a deux choses à considérer ici : la forme
et le fond. Par la forme, nous entendons le
signe conventionnel de la neutralité. D'inter-
minables négociations s'entamèrent à son su-

jet, les Turcs ayant décidé, de leur propre
autorité (¹), que leur service sanitaire arbo-
rerait un croissant rouge au lieu d'une croix.
Un certain nombre de puissances n'y voyaient
pas grand inconvénient, et auraient volontiers
passé condamnation sur l'irrégularité du procédé ; quant aux Russes, immédiatement intéressés dans l'affaire, ils se montrèrent de moins
facile composition, et contestèrent avec raison
à leur antagoniste le droit de modifier ainsi
une des clauses d'un traité international, sans
consulter les autres parties contractantes. Mais
le moment n'était pas propice pour la convocation d'un congrès, et, après beaucoup de
pourparlers, un mode de vivre finit par s'établir entre les belligérants. La Porte fut au-
torisée, mais à titre provisoire seulement, à
employer le Croissant-Rouge, en échange de
sa promesse de respecter la Croix-Rouge des
chrétiens. La Russie aurait voulu aussi que,
sur le drapeau sanitaire turc, le croissant fût
accompagné d'une seconde marque distinctive,
afin d'éviter toute confusion avec le drapeau
national. La même crainte avait poussé le

(¹) Message au Conseil fédéral suisse, du 16 novembre 1876.

Comité de Constantinople à demander lui-
même que le Croissant-Rouge sur fond blanc
cessât d'être employé comme drapeau ordinaire, du moment qu'on l'adoptait pour les
ambulances. Cela semblait indispensable, et
cependant on passa outre. Nous nous demandons comment l'erreur que l'on voulait prévenir a pu alors être évitée.

En fait, le compromis auquel on se rangea
de part et d'autre ne modifia pas du tout la
conduite des combattants, parce que, sous la
question tout extérieure du drapeau, il y en
avait une de principe, qui ne comportait pas
une solution aussi superficielle.

Quand, pour justifier la substitution du
croissant à la croix, le Divan prétendit que
celle-ci blessait les susceptibilités de ses défenseurs, il énonça une vérité dont les corol-
laires ne s'arrêtaient pas au changement proposé. Évidemment les froissements, derrière
lesquels il se retranchait, ne devaient pas être
entièrement évités par la suppression de la
Croix-Rouge dans les rangs de sa propre
armée, et nous ne sommes point surpris que
des officiers turcs aient déclaré, à des Monténégrins, qu'ils ne pourraient ni ne voudraient

avoir des égards pour un drapeau de cette espèce, où qu'il se montrât. La guerre avait revêtu le caractère d'une guerre sainte, et, quoique la croix n'y figurât pas comme emblème religieux parmi les chrétiens, elle réveillait, par sa seule apparition, le fanatisme traditionnel des musulmans. Pour que sa vue réussît à calmer leurs passions au lieu de les exciter, il eût fallu un véritable miracle. Que des Turcs éclairés n'aient pas partagé cette animosité et l'aient même déplorée, c'est ce dont nous ne doutons pas. Dans le sein de la Société du Croissant-Rouge, en particulier, on professa de tout autres sentiments, et l'on eût voulu très sincèrement faire triompher en toute rencontre l'esprit de la Convention de Genève; mais, à prendre l'armée ottomane dans son ensemble et en faisant la part des exceptions, il est certain que la Croix-Rouge y a été vue de mauvais œil. D'après la déclaration de Safvet pacha, on devait s'attendre à ce que la Convention y serait transgressée. C'est pour cela, sans doute, que les dispensateurs des secours libres ne se sont pas aventurés auprès des blessés, avec autant d'ensemble et de hardiesse que s'ils avaient eu confiance dans le respect de leurs immunités. La situation équivoque qui leur était faite entrava leur activité, et, si la Convention n'a pas servi, comme elle l'aurait dû, à abaisser les barrières devant eux, ce n'est vraiment pas sa faute.

Dans l'Amérique du Sud, la guerre que se firent pendant près de deux ans, de 1879 à 1881, le Chili, la Bolivie et le Pérou, a fourni un certain contingent de faits pour l'histoire de la Convention de Genève; mais, là encore, l'imprévoyance fit sentir ses funestes effets. Ce fut seulement après l'ouverture de cette campagne, que les trois belligérants prirent le parti d'adhérer à la Convention, et ils n'eurent pas le temps de transformer les habitudes de leurs soldats. Aussi s'accusèrent-ils réciproquement d'avoir outrepassé leurs droits en maintes circonstances. Il est difficile de porter un jugement éclairé sur ces épisodes, qui ne sont encore que très imparfaitement connus en Europe; mais des récits dignes de foi attestent que la Convention a rendu possibles des évacuations de blessés par mer, dans des ports bloqués par l'ennemi, ce qui, sans elle, n'eût certainement pas eu lieu.

Nous avons peu de chose à dire des autres guerres internationales de ces dernières années.

L'expédition des Anglais contre le Transvaal est peut-être celle où la conduite des armées en présence fut le plus exemplaire. Quoique les Boers ne fussent pas liés par la Convention, les Anglais déclarèrent qu'ils les traiteraient en belligérants civilisés, et les Africains, de leur côté, se montrèrent de scrupuleux observateurs du droit des gens le plus avancé, — ce qui, soit dit en passant, éveilla en leur faveur beaucoup de sympathies, tant il est vrai qu'un peuple peut trouver, dans sa valeur morale, une grande force et un point d'appui sur le terrain de la politique.

Rendons encore hommage aux Hollandais qui, aux prises avec le sultan d'Atchin, lui exposèrent leurs principes charitables et le sollicitèrent de les adopter aussi. Ils furent peu écoutés et leur messager fut massacré, mais leur tentative louable ne doit pas être oubliée.

On peut rapprocher de cet exemple, quoi-

que l'analogie ne soit pas complète, celui
qu'ont donné les Japonais, — étrangers à la
Convention de Genève, — lorsque, en 1874,
ils étaient à la veille d'en venir aux mains
avec les Chinois. Les usages guerriers des
habitants du Céleste Empire sont encore fortement empreints de barbarie, et néanmoins,
ceux qui se préparaient à se mesurer avec
eux reçurent, de leur gouvernement, des instructions qu'on aurait pu croire rédigées par
les philanthropes de l'Occident. La paix sur-
vint, et l'on ne peut savoir jusqu'à quel point
les prescriptions officielles auraient été efficaces, mais il n'est pas moins très intéressant
de voir germer ainsi, chez une nation païenne,
une semence morale, que ses ambassadeurs
étaient venus récolter à Genève même, l'année
d'avant.

Citons enfin les applications que l'on fit du
traité de 1864 en Espagne, pendant l'insurrection carliste, la seule guerre civile où la
Convention ait été respectée par les deux
partis. Quoique la lutte fût sérieuse, elle fut
exempte de cruautés. Les adversaires, tout en
se combattant les armes à la main, ne mécon-
nurent ni l'un ni l'autre le devoir de fraternité

que leur imposait le sort des blessés, et ils
respectèrent réciproquement leurs médecins et
leurs infirmiers ; les prisonniers blessés furent
bien traités et reçurent des soins assidus ; le
gouvernement rendit même la liberté aux
blessés insurgés recueillis à Pampelune. Une
loi promulguée antérieurement, le 20 avril
1870, avait déjà établi que, en cas de rébellion,
les membres des sociétés de secours légalement établies, qui se trouveraient sur le lieu
d'un combat, ne seraient pas considérés comme
complices des insurgés. Ce précédent cheva-
leresque est certes bien digne d'être relevé,
et chaudement recommandé à l'imitation des
pays qui pourraient se trouver dans les mêmes
circonstances douloureuses que l'Espagne.

Une observation générale va clore nos re-
marques sur les services rendus jusqu'à présent par la Convention de Genève.

Son texte ne tranche pas la question de
savoir si elle n'est obligatoire que condition-
nellement, c'est-à-dire sous réserve de réci-
procité, mais, dans la pratique, on l'a généralement interprété comme applicable, par
ceux qui y ont adhéré, quel que soit leur

adversaire. Même s'ils ont devant eux des rebelles, des barbares ou des parjures, leur devoir est de les ménager, à l'égal des observateurs les plus irréprochables de la Convention, — et, pour appartenir à cette dernière catégorie, il n'est pas nécessaire, nous l'avons vu, d'avoir rempli la formalité diplomatique d'un acquiescement. On comprendrait que l'opinion contraire prévalût, si la Convention était un contrat synallagmatique, impliquant des sacrifices mutuels, de telle sorte que les concessions de l'une des parties fussent le corrélatif de celles de l'autre. Mais elle nous apparaît plutôt comme une déclaration, comme une reconnaissance de certaines lois d'ordre supérieur, auxquelles telle ou telle nation s'honore de se soumettre spontanément, et dont le caractère impératif est absolu. Après avoir publiquement reconnu qu'il est mal, par exemple, d'achever un blessé, un Etat se déshonorerait en tolérant que ses agents commissent cet acte répréhensible envers qui que ce fût, hors le cas de légitime défense.

CHAPITRE IV

L'AVENIR DE LA CROIX-ROUGE

Dans les pages qui précèdent, nous avons vu naître, croître et triompher une agitation philanthropique, qui sera certainement l'une des gloires de notre siècle. Nous avons assisté à ses humbles débuts, et partagé la joie de ses promoteurs rencontrant des encouragements inespérés. Puis, leur projet recevant un commencement d'exécution, nous avons suivi la Croix-Rouge pas à pas, tandis qu'elle gagnait de proche en proche, s'organisait avec une surprenante rapidité, et parvenait à entraîner dans son orbite presque tout le monde civilisé. Enfin, nous avons vu à l'œuvre ces associations, soutenues par une sympathie générale et disposant de ressources abondantes, spontanément versées dans leurs mains par la charité universelle. Nous les avons montrées aux prises avec des malheurs qu'elles n'avaient que trop pressentis, justifiant, par d'immenses

services, la confiance qu'elles avaient su inspirer. Parallèlement à ce tableau, nous avons
exposé celui d'une réforme profonde dans les
usages de la guerre, réforme consacrée par
un traité solennel, qui a ouvert des voies nouvelles à la diplomatie et qui protège, contre
les abus de la force, les malheureux que le
sort des armes a trahis.

Toutefois, ce n'est pas seulement pour préserver ces souvenirs de l'oubli que nous les
avons évoqués. Il y a, nous semble-t-il, mieux
à faire qu'à prendre acte du développement
progressif de la Croix-Rouge, et à constater
son état actuel. Malgré le renom qu'elle a
promptement conquis, et qui lui assure une
belle place dans les annales de l'humanité,
elle est encore bien jeune; elle n'a pu en si
peu d'années atteindre à son apogée et n'a
pas dit son dernier mot. Dès lors, l'intérêt que
nous lui portons, la sollicitude qu'éveillent en
nous ses destinées, nous font désirer savoir
ce que l'avenir lui réserve. Nous hasarderons
donc quelques conjectures à ce sujet, en sup-
putant successivement ses chances de durée,
d'extension et de perfectionnement.

Ecartons tout d'abord l'hypothèse de l'insta-
bilité de la Croix-Rouge, en montrant combien
est résistante la base sur laquelle elle repose.

Les éventualités les plus capables de l'ébran-
ler seraient celles qui lui enlèveraient sa raison d'être ; si, par exemple, le service officiel
de santé parvenait à suffire à tous les besoins,
ou s'il n'y avait plus de guerres. Voyons quel
est le degré de vraisemblance de ces supposi-
tions.

Naguère on affirmait volontiers, sous l'uniforme, que le perfectionnement du service
relevant de l'État était le seul remède applicable aux défectuosités dont tout le monde se
plaignait. Aujourd'hui, cette manière de voir,
quoique ayant toujours ses partisans, est quelque peu démodée ; aussi est-on obligé, pour
discréditer les sociétés de secours, de leur
prêter des intentions qu'elles n'ont jamais
eues, comme de vouloir se substituer à la chirurgie militaire. Ne sait-on pas que, loin
d'aspirer à lui faire concurrence, elles lui
souhaitent tous les succès imaginables ? Elles
demandent seulement à se nourrir des miettes,

— bien grosses il est vrai, — qui tombent de sa table, et vraiment il serait inhumain de les leur disputer. Quand il n'y aura plus d'aliment pour elles, les sociétés se dissoudront sans regret. En attendant, nous ne faisons le procès à personne, en soutenant que l'insuffisance du service officiel de santé est, par la force même des choses, un mal incurable. Nous nous fondons pour cela sur le raisonnement et sur l'histoire, qui l'attestent péremptoirement. Sans reproduire ici leur plaidoyer, ce qui nous entraînerait trop loin, remarquons seulement qu'il a porté la conviction jusque chez les dépositaires du pouvoir, dans presque tous les États de l'Europe. Les gouvernements, en effet, en sont venus, pour la plupart, à compter avec la Croix-Rouge, non comme avec une œuvre éphémère ou temporaire, mais comme avec une institution qui répond à des nécessités d'une durée indéfinie, partout où la guerre sévit.

Mais la guerre ensanglantera-t-elle toujours ce bas monde ? Le spectacle de sa disparition ne viendra-t-il point réjouir nos descendants?

Nous n'osons espérer que, de longtemps, les hommes soient assez sages pour renoncer à s'entre-détruire, mais nous croirions faire acte de témérité en prédisant que cela n'arrivera jamais. Ce serait, quoi qu'en ait dit le maréchal de Moltke, prêter à la Providence des vues incompatibles avec ses attributs essentiels. Notre sentiment intime proteste contre la thèse de l'illustre écrivain, que « la guerre est un élément de l'ordre du monde établi par Dieu (1) ». Elle nous apparaît plutôt comme un accident, comme une calamité de provenance humaine, dont notre race tend à s'affranchir, quoique lentement.

De nos jours, le rapprochement des peuples, qui tôt ou tard sera un puissant moyen d'apaisement, ouvre la porte à des conflits multipliés. Les armements formidables qui ont, dit-on, pour but de donner de la sécurité aux nations civilisées, favorisent trop souvent les agressions. La voix publique, quand elle n'est pas influencée par l'intérêt ou par la passion, proteste volontiers contre l'effusion du sang, mais l'humeur belliqueuse l'emporte fréquemment sur les aspirations pacifiques.

Si l'on doit jamais obtenir des peuples qu'ils

(1) Lettre à M. Bluntschli, 11 décembre 1880.

renoncent à se faire justice eux-mêmes, ce
but ne pourra être atteint que par le progrès
du droit des gens et des institutions judiciai-
res chargées de le faire respecter. On y tend
de tous côtés, et la Croix-Rouge n'est pas
étrangère à ce mouvement; pourtant, les rapports juridiques internationaux sont encore
bien imparfaits. Le recours à des arbitres, en
particulier, si recommandable à tous égards
et tant préconisé à l'heure qu'il est, ne constitue pas une obligation tellement étroite, que
les souverains peu disposés à s'y soumettre ne
puissent s'en affranchir.

Concluons donc que la Croix-Rouge a
encore devant elle une longue carrière à par-
courir, puisqu'elle sert de palliatif à un mal
chronique, dont la guérison complète ne saurait être attendue à bref délai.

Nous serions arrivé à la même déduction
si, au lieu de nous attacher aux causes exter-
nes capables d'influer sur la Croix-Rouge,
nous avions examiné de près les mobiles auxquels obéissent ses sectateurs. Nous aurions
découvert que les stimulants qui ont réveillé
les consciences et fait battre les cœurs, il

y a dix-neuf ans, n'ont rien perdu de leur
énergie, et se retrouvent aujourd'hui capables,
non seulement d'agir dans le même sens,
mais encore d'accélérer le mouvement auquel
ils ont donné naissance.

Si, par exemple, les peuples ont montré de
la sollicitude pour les soldats des armées nationales des temps modernes, tandis qu'ils
s'inquiétaient peu des bandes mercenaires
d'autrefois, n'est-il pas présumable que plus
on généralisera le service militaire, — ce qui
est la tendance du jour, — plus la fibre sympathique des masses sera profondément re-
muée ? Quand toutes les familles auront des
représentants dans les rangs des défenseurs
de la patrie, aucun de leurs membres ne se
résignera à un rôle purement passif ; chacun
voudra faire quelque chose pour le parent ou
l'ami qu'il a vu partir, qu'il sait en danger,
et la Croix-Rouge, qui s'accorde avec ce penchant, en recevra bien certainement une force
nouvelle.

Il est bon de se souvenir aussi, que cette
œuvre a surgi le lendemain du jour où un
écrivain novateur s'est avisé de décrire, dans
toute leur vérité et dans toute leur horreur,

les scènes déchirantes des champs de bataille.
Or, depuis qu'il a arraché le voile sous lequel
on se plaisait d'ordinaire à cacher ce côté
lugubre du tableau, il a fait école, et le sort
des blessés est devenu l'une des préoccupa-
tions obligées de tout narrateur de faits de
guerre. La Croix-Rouge elle-même, pour légi-
timer son immixtion, rappelle à tout propos
les souffrances inénarrables de ceux auxquels
elle porte secours. Le sentiment public se
trouve donc ravivé à chaque instant par des
récits émouvants, qui l'empêchent de se refroidir, et l'entretiennent dans des dispositions
éminemment favorables à l'intervention de
l'assistance volontaire.

Cette intervention est d'ailleurs en harmonie avec le courant d'idées qui entraîne rapidement les sociétés politiques vers la démo-
cratie. Les prôneurs de cette évolution se
flattent de parer, par son moyen, aux infortunes imméritées, et tout spécialement à celles
qui procèdent d'un état social imparfait. Eh
bien ! c'est précisément ce que fait la Croix-
Rouge dans sa spécialité. Aussi n'a-t-elle pas
à redouter de tomber en discrédit. Elle doit
plutôt s'attendre à gagner en popularité, et à

bénéficier de la transformation qui est en train de s'accomplir.

Enfin, si les premiers adhérents de la Croix-Rouge ont puisé des encouragements dans le souvenir des immenses bienfaits procurés, par l'élément civil, à l'armée anglaise en Crimée et à celle des Etats-Unis pendant la guerre de sécession, à plus forte raison leurs successeurs devront-ils avoir confiance dans ce nouveau levier, puisque, aux essais que nous venons de citer, se sont ajoutées des expériences nombreuses et variées. Celles-ci ont non-seulement corroboré les leçons du passé, quant à l'utilité d'un service extra-militaire, mais encore prouvé que les principes organiques établis pour cela par la Conférence de 1863 étaient féconds, et ne se heurtaient point, dans la pratique, à d'aussi grands obstacles qu'on l'avait craint.

Ainsi, de toute manière, il y a de quoi se rassurer.

Les réflexions qui nous tranquillisent au sujet des sociétés de secours, ne s'appliquent pas avec la même justesse à la Convention de Genève. Cette dernière, quoique vivement critiquée, a tenu bon jusqu'ici, mais repose-t-elle sur des assises assez solides pour que l'on n'ait pas d'inquiétudes à concevoir à son égard ? Examinons.

Elle a contre elle une école de théoriciens militaires qui, philanthropes à leur manière, soutiennent que, pour que la guerre dure peu, il importe qu'elle soit promptement décisive, c'est-à-dire terrible. Si cette opinion venait à prévaloir, c'en serait fait de la Convention de Genève, mais nous inclinons à penser qu'elle perd du terrain et ne fait plus de prosélytes. Ses défenseurs nous apparaissent plutôt comme des représentants attardés des doctrines d'autrefois, que comme les précurseurs d'un retour à d'anciens errements. Nous ne croyons pas que, l'histoire à la main, ils puissent justifier leur assertion, et prouver que les guerres les plus cruelles ont été aussi les plus brèves. Que la Convention de Genève soit quelquefois gênante, cela peut arriver, mais qu'elle empêche un général de vaincre, ce n'est pas admissible. Si elle était réellement entachée de ce vice grave, les gouvernements n'auraient pas choisi, comme ils l'ont souvent fait, le moment d'une campagne pour y adhérer.

Au surplus, il y a une question qui prime celle-là. C'est de savoir si la voix publique, après avoir proclamé que des égards sont dus aux soldats blessés et malades, peut se déjuger, et laisser se reproduire des actes brutaux qu'elle a réprouvés. Rien n'est moins probable et ne serait plus surprenant qu'un tel recul. Pour le moment, en tous cas, les esprits y sont absolument opposés, car ils ont une propension, très générale et très prononcée, à s'indigner des rigueurs exercées sans nécessité. De toute part, d'ailleurs, on s'efforce de suivre la voie frayée en 1864, en légiférant sur les pratiques guerrières. La Convention de Genève est, pour la civilisation, un trophée dont on ne comprendrait pas qu'elle se dessaisît. Il nous paraît évident que loin d'être rebuté, comme une tentative malheureuse de gens peu clairvoyants, ce traité s'harmonisera toujours mieux avec les mœurs des nations affranchies de la barbarie. Nous osons prédire que jamais on ne rendra aux belligérants la parcelle de liberté qu'on leur a enlevée, et que, renchérissant au contraire sur ce premier essai, on contrôlera toujours davantage l'emploi de la force, pour la resserrer dans de plus étroites limites.

Nous n'entrevoyons donc à l'horizon aucun point noir qui menace sérieusement l'existence de la Croix-Rouge ; les principaux éléments de sa vitalité offrent des garanties de durée, et rien ne fait présager son déclin. Elle se trouve, par conséquent, dans les conditions les plus favorables pour affronter l'inconnu que lui réserve l'avenir.

———

Nous allons même plus loin ; nous tenons pour certain que de nouveaux territoires viendront encore se ranger sous son drapeau. Dès son aurore, on lui garantit qu'elle couvrirait le monde entier, et la promptitude avec laquelle elle se propagea pendant ses premières années, fit faire à la prophétie un grand pas vers son accomplissement. A cette période féconde a succédé un temps d'arrêt relatif, lorsque, le cercle s'étant agrandi, on s'est trouvé sur les confins de la zone civilisée ; néanmoins, le travail de pénétration s'est toujours continué, et il amènera infailliblement de nouvelles conquêtes.

Nous avons foi dans cette extension géo-

graphique, parce que la loi même du développement de la Croix-Rouge est d'accompagner le progrès social, dont elle procède,
et dont elle apparait comme un satellite
désormais inséparable. Elle élargira graduellement son domaine, au fur et à mesure
que des portes, fermées aujourd'hui pour elle,
lui seront ouvertes par la marche ascendante
des idées et des mœurs.

L'initiation de ses nouveaux adeptes peut se
faire en quelque sorte à deux degrés, grâce à
la double forme qu'elle revêt, et c'est là une
circonstance propre à faciliter sa propagation.
Jusqu'à ce jour, ceux qui ont voulu s'enrôler
à son service n'ont pas toujours procédé de la
même manière ; tantôt une société de secours
s'est formée, dans un pays dont le gouvernement n'avait pas encore adhéré à la Convention de Genève ; tantôt c'est l'inverse qui a eu
lieu. On ne s'est pas rendu compte assez vite
que ces deux actes doivent se suivre dans un
ordre logique, parce qu'ils marquent comme
deux étapes, dont l'une achemine à l'autre.

Il serait tout à fait irrationnel qu'une association, résolue à soigner avec autant de sollicitude tous les blessés, amis ou ennemis,

fonctionnât auprès d'une armée dont les chefs estimeraient avoir le droit de s'opposer à cette manière d'agir. Aussi longtemps qu'un gouvernement n'a pas souscrit, en ce qui le concerne, aux principes de la Croix-Rouge, une société qui lui offrirait ses services commettrait une inconséquence. C'est pourquoi, depuis que les anomalies qui s'étaient produites ont pris fin, le Comité international ne se prête plus jamais à l'entrée d'une nouvelle société dans le concert des anciennes, si le souverain du pays où elle s'établit n'est pas un des signataires de la Convention. En se conformant à cette règle de conduite, il empêchera qu'on ne voie se reproduire l'exemple donné par les Etats-Unis. Là, une société qui s'était fondée prématurément, voyant que la Convention de Genève ne parvenait pas à se faire accepter à Washington, a fini par se dissoudre, pour ne pas risquer de se trouver dans une position des plus fausses, au moment où elle voudrait pratiquer la charité avec toute l'ampleur qui lui imposaient ses statuts.

C'est chose naturelle, d'ailleurs, que la Convention serve d'avant-garde aux sociétés, car

un peuple mûr pour l'observation de cette loi
internationale, pourrait ne pas l'être encore
pour entrer dans la voie de l'assistance volontaire. L'humanité des combattants ne dépend,
à la rigueur, que de la ferme volonté d'un
chef commandant à des troupes dociles, tandis que, pour qu'une nation entreprenne de
procurer à ses défenseurs les secours de la
Croix-Rouge, il faut qu'elle possède une sensi-
bilité, un désintéressement, un esprit d'initiative et une habitude de l'association, qui ne
vont pas sans un état social très avancé.

Il n'est pas surprenant, dès lors, que parmi
les pays dans lesquels elle a pénétré, il s'en
trouve où elle ne soit qu'à moitié chemin de
son but. Cela revient à dire, que la liste des
États signataires de la Convention n'est pas
identique à celle des sociétés nationales de
secours. La première est la plus longue, et
renferme quelques noms qui ne figurent pas
dans la seconde ; ces noms sont ceux de la
Perse, de San-Salvador, du Chili, de la Bolivie
et des États-Unis (1).

(1) Il est probable, cependant, qu'avant peu une
société de secours, récemment reconstituée aux États-
Unis, pourra entrer dans le concert international.

Tandis que ces contrées lointaines hésitent à faire un pas de plus vers la réalisation complète de ce que la Croix-Rouge attend de ses partisans, il se pourrait bien qu'elles fussent devancées par d'autres, demeurées jusqu'à présent à l'écart du mouvement, mais dont les habitants sont qualifiés pour y prendre part, le Brésil, par exemple.

La propagande ne doit donc pas se ralentir, mais elle doit se faire avec plus de circonspection que par le passé. Capable de s'acclimater chez toutes les variétés de la race humaine, la Croix-Rouge n'est pas faite pour des hommes encore plongés dans la barbarie; elle serait déplacée où l'on ne saurait ni la comprendre ni l'aimer. S'il est inopportun de susciter la création de sociétés dans des pays où la Convention n'est pas en vigueur, il ne serait pas moins téméraire de provoquer l'adhésion d'Etats quelconques à ce traité. Souvenons-nous que la Turquie, quoique ayant signé la Convention dès l'année 1865, a dû avouer en 1876, au moment de l'appliquer, que l'emploi de la Croix-Rouge dans son armée « blesserait les susceptibilités du soldat musulman ».

C'est ici le lieu de rappeler que, lorsque la Conférence de 1863 a imaginé ce signe, — avant que les gouvernements se le fussent approprié, — elle n'y a attaché aucune idée religieuse. Sa pensée a été bien plutôt d'emprunter à la Suisse ses armoiries (croix blanche alézée sur fond rouge), avec une simple interversion de couleurs, afin de rendre hommage à l'Etat sous les auspices et sur le territoire duquel l'œuvre nouvelle venait d'éclore. Elle était animée d'une grande largeur de vues, et aurait indubitablement choisi un autre drapeau, si elle s'était rendu compte que celui auquel elle donnait la préférence était de nature à éveiller, chez les non-chrétiens, des passions hostiles, ou tout au moins de la répugnance à en faire usage. Aujourd'hui il est bien tard pour renoncer à la Croix-Rouge, devenue chère à la race aryenne, qui a accompli ses premiers exploits charitables sous sa protection. Passe encore s'il était prouvé que des nations musulmanes ou païennes peuvent concilier leur foi avec les pieux devoirs qu'implique la croyance à la fraternité universelle. Alors il vaudrait la peine d'aviser à ce qu'une question de forme n'empêchât pas les peuples de se tendre la main. Malheureusement, les antagonismes religieux sont tenaces, et, malgré quelques rares indices contraires, ils ne semblent pas prêts à abdiquer devant les principes humains de la Convention de Genève.

———————

Du coup d'œil que nous venons de jeter tout autour de la Croix-Rouge, pour reconnaître les motifs de crainte ou d'espérance qu'elle doit puiser dans le milieu ambiant, il ressort que tout concourt à lui aplanir les voies, de telle sorte que sa durée et son accroissement ne sauraient guère être compromis que par son défaut de vigilance ou son impéritie. Elle péricliterait, en effet, si, alors que tout change et progresse dans le monde, elle s'en tenait pour elle-même au *statu quo*, et ne cherchait pas constamment à s'améliorer.

Demandons-nous donc, aussi bien pour les sociétés que pour la Convention, à quoi conduiront ces visées de perfectionnement.

Les sociétés se sont inégalement développées. Si quelques-unes sont à la hauteur des espérances qu'elles avaient fait concevoir, il en est qui inclinent de préférence vers certains travaux et en négligent d'autres tout aussi importants. On pourrait même citer des pays, où les directeurs de la Croix-Rouge font preuve d'une insouciance presque complète, à l'égard des questions les plus vitales pour elle.

Il suffit d'exposer cette situation pour faire comprendre combien elle laisse à désirer. Mais comment en sortir? Par quel moyen susciter entre les sociétés une émulation salutaire? N'y aurait-il point de ressort nouveau à mettre en jeu pour cela?

Nous disons « nouveau », car c'est pour atteindre le même but que déjà les sociétés ont créé à leur usage une publication périodique, qui les avertit réciproquement de ce qu'elles ont intérêt à se communiquer, et leur propose des idées ou des exemples à méditer. Ce *Bulletin* a rempli jusqu'à présent un rôle très utile, mais il ne constitue pas un levier assez puissant, pour vaincre la résistance que l'apathie ou l'imprévoyance opposent, en maint endroit, au plein essor de la Croix-Rouge.

Son complément ne se trouverait-il pas dans une union plus étroite des sociétés nationales, et dans l'affirmation collective de leur solidarité ? Sous l'économie actuelle, c'est à ses périls et risques qu'une société néglige les travaux préparatoires dont elle a théoriquement reconnu la convenance, tandis que, si toutes les sociétés s'étaient promis très explicitement de se prêter une mutuelle assistance, chacune serait stimulée par l'aiguillon de sa responsabilité ; toutes se sentiraient tenues d'être constamment en état, soit d'aider les sociétés sœurs, soit d'utiliser les secours qui leur viendraient du dehors, le cas échéant. En se fédérant ainsi, elles s'exciteraient à mieux faire et recevraient, des engagements pris, une impulsion irrésistible, sans se priver à aucun degré de leur autonomie. C'est un préjugé très répandu, que déjà il existe entre elles un pacte d'alliance, et, en vérité, il est bizarre que des associations qui se rattachent à la même origine, qui ont besoin les unes des autres, entre lesquelles, de plus, règne une véritable confraternité ne se soient pas encore concertées pour resserrer, par la reconnaissance de devoirs réciproques, le lien de famille qui les unit. Elles n'ont pas voulu conclure dès 1869, — année de leur dernière conférence, — un arrangement sur ce point ; à cette époque, la Croix-Rouge n'avait pas encore fait ses preuves d'une manière bien concluante, et il y aurait eu quelque témérité à asseoir un contrat international sur des expériences partielles. Mais aujourd'hui ce prétexte n'est plus de saison ; des épreuves multipliées ont à la fois confirmé la grande utilité d'une entente générale, et fourni des éléments pour en fixer les termes. On peut donc s'attendre à ce que les sociétés en viennent là avant qu'il soit longtemps.

L'accord dont nous parlons n'entraînera pas, en fait, quand on y mettra la main, de notables changements au *modus vivendi* dont la Croix-Rouge s'est accommodée depuis sa naissance. Le rudiment d'organisation dont on s'est contenté jusqu'ici, composé d'un mélange de mesures provisoires et de simples coutumes, a moins besoin d'être réformé que complété, et surtout consolidé par l'approbation expresse de tous les intéressés. On voudra

naturellement fixer les conditions auxquelles
une société pourra être admise dans la fédé-
ration, dire à quoi s'astreindront les sociétés
liguées de la sorte, dans quels cas et de quelle
manière elles s'entr'aideront ; il faudra aussi
constituer un organe central et déterminer sa
compétence. Or, les personnes chargées de
ce travail se trouveront en présence d'un état
de choses qui satisfait déjà à la plupart de ces
desiderata, et auquel on ne reproche guère
que l'irrégularité de son origine.

Revenons maintenant à la Convention de
Genève, et cherchons à pressentir pour elle,
comme nous l'avons fait pour les sociétés de
secours, quelle transformation elle subira
sous l'étreinte de la loi du progrès, à laquelle
elle ne saurait échapper.

« Elle a un urgent besoin d'être améliorée »,
disait naguère son historien, le Dr Lueder ; et
il ajoutait : « il ne faut pas l'abroger mais il
faut la modifier ; telle est l'opinion universelle. » Si nous croyons nous-même à sa conservation, comme nous l'avons affirmé plus
haut, c'est parce que nous sommes convaincu
que, sans priver les blessés des garanties qui

leur ont été données par ce traité, on saura, en le révisant, parer aux difficultés très réelles de son application. On ne renoncera pas aux idées dominantes qui ont prévalu en 1864 ; on les formulera seulement en termes meilleurs et moins ambigus, on les ordonnera plus méthodiquement, on atténuera la portée de certaines dispositions secondaires, mais le fond demeurera le même.

Puis, on amplifiera le texte en vigueur. Celui-ci pèche au moins autant par omission que par commission, si bien que lorsqu'on y touchera, dans l'intention de redresser les erreurs qu'il contient, on sera conduit inévitablement à le compléter.

Pour ne parler que des additions les plus probables, nous nous attendons à ce que les sociétés de secours soient mises au bénéfice du nouveau droit, à la promulgation duquel elles ont puissamment contribué. L'équité le veut, puisqu'elles ont assumé spontanément les devoirs qui en sont le corrélatif naturel, et les gouvernements, du moment qu'ils acceptent des auxiliaires bénévoles, seraient blâmables s'ils ne leur accordaient pas cette satisfaction. — Et la marine ! N'est-il pas

temps que l'on prescrive, aux belligérants sur
mer, les mêmes règles d'humanité que l'on
s'est cru tenu d'adopter pour les armées de
terre ? Les articles additionnels, rédigés pour
cela en 1868, attendent encore une ratification
qui leur est bien due. — On réclame enfin,
de toute part, un supplément à l'article sept
de la Convention, qui traite du brassard et du
drapeau internationaux, dont l'emploi a donné
lieu à beaucoup d'abus. Il ne suffit pas que
le monopole de la délivrance du brassard
appartienne à l'autorité militaire ; si rien
n'atteste la provenance officielle de cet insigne,
s'il n'y a pas de titre qui établisse l'identité
de ceux à qui on l'a remis, la précaution est
illusoire. La faculté d'arborer le drapeau n'est
soumise de son côté à aucun contrôle. On n'a
pas songé non plus à règlementer l'application
d'une Croix-Rouge sur des voitures, des ballots
ou d'autres objets ; rien ne s'oppose donc,
légalement, à ce que des gens de mauvaise
foi usent de ce stratagème, pour dissimuler
de la contrebande de guerre. — Il est évident
qu'il faut aviser à ce que ces diverses lacunes
disparaissent.

Tout cela parera, dans une certaine mesure,

aux inconvénients que présente la Convention sous sa forme actuelle, mais n'empêchera pas les belligérants qui la trouveront gênante d'en secouer le joug, si bon leur semble, et de la violer. Ce danger existera toujours, quelque irréprochable que soit la facture du traité, aussi longtemps qu'on n'aura pas compris qu'il importe de prévenir et de réprimer de semblables agissements.

Si nous pensons qu'il faut se prémunir contre des infractions, ce n'est pas que nous suspections la bonne foi des souverains qui, en apposant leur signature au bas de la Convention, ont voulu attester le degré avancé de civilisation auquel leurs peuples sont parvenus. Pour eux, le point d'honneur sert de répondant à la parole donnée. Mais les considérations qui les guident n'agissent que faiblement sur l'esprit des soldats, dont la conduite demande à être surveillée. Absorbés par le rôle actif qu'ils remplissent, ceux-ci se laissent plus volontiers diriger par les conséquences immédiates de leurs actions, que par des perspectives lointaines ou impersonnelles, qui leur échappent dans l'ardeur de la lutte. Aussi les pouvoirs publics feront-ils sagement de prendre des dispositions, dont ils se sont beaucoup trop abstenus jusqu'à présent, pour que leurs nationaux ne les compromettent pas vis-à-vis de leurs adversaires.

On s'efforcera avant tout d'élever chez les masses, principalement chez les militaires, le niveau de la moralité, par un enseignement largement répandu, dans lequel les lois modernes de la guerre auront leur place marquée. Il règne encore dans le monde une ignorance prodigieuse à ce sujet; beaucoup de gens, même cultivés, ne savent pas, par exemple, ce que c'est que la Convention de Genève, et commettent à son occasion les plus lourdes bévues. Insistons donc pour qu'on mette un terme à un état de choses aussi funeste que peu excusable.

Ensuite, on établira une pénalité. Ce n'est que lorsqu'un État aura la conscience tranquille, quant à l'éducation donnée à ses ressortissants, qu'il pourra, sans injustice, les menacer de punitions sévères s'ils s'écartent des règlements, parce qu'alors leurs fautes pourront être présumées intentionnelles. Les législatures nationales encourront, et elles encourent déjà à cet égard une grave responsabilité, dont elles ne se sont pas souciées autant qu'elles l'auraient dû. Elles finiront sans doute par s'en pénétrer, et par donner à la Convention un appui, dont celle-ci a besoin pour être observée dans les guerres futures plus exactement que dans les guerres passées.

Toutefois, ce serait une illusion de croire que ce progrès couperait court à tous les méfaits. Tant que les belligérants ne seront pas solidaires pour la répression, les délinquants conserveront de grandes chances d'impunité. S'ils se trouvent, comme c'est l'ordinaire, du côté de l'armée qui n'a pas eu à souffrir de leur faute, ils y seront entourés, sinon de complices, du moins de compatriotes indulgents, très enclins à ne pas les poursuivre et à faire bon marché des plaintes de la partie lésée.

Devant la lenteur du droit des gens à se compléter par l'établissement d'une juridiction internationale, et vu la portée restreinte des législations particulières, on s'est demandé si, en attendant mieux, on ne gagnerait pas quelque chose par l'établissement d'un jury d'honneur, qui, dans les cas litigieux, prononcerait uniquement sur la question de fait. Ses verdicts de culpabilité ou d'innocence

équivaudraient à une sanction morale, et il
est permis d'espérer que, le plus souvent, ils
suffiraient pour empêcher des représailles, en
calmant le courroux de l'offensé.

Le difficile serait d'obtenir que les faits in-
criminés fissent l'objet de constatations impar-
tiales. Des neutres seuls pourraient s'acquitter
de ce soin. Leur tâche ne serait pas aisée,
mais la présence, au milieu des camps, d'arbitres étrangers revêtus d'un mandat officiel,
imposerait par elle-même aux intéressés et
les engagerait à se tenir sur leurs gardes. Déjà
un contrôle de ce genre s'exerce officieusement
par les reporters de journaux ; il y aurait tout
avantage à ce que cette juridiction bâtarde fût
remplacée par une institution plus conforme
aux exigences d'une bonne justice.

En exposant, dans cet ouvrage, les faits
relatifs aux sociétés de secours et à la Convention de Genève, nous avons eu fréquemment à nommer le Comité international, dont
la place n'est pas auprès des armées, mais qui
néanmoins a beaucoup fait pour améliorer la
condition des blessés. La Croix-Rouge lui
doit assez pour que nous y revenions dans ce

dernier chapitre, et pour que nous essayions
de voir clair dans son avenir, comme nous
venons de le tenter pour les institutions qui
lui sont dues.

Les considérations sur lesquelles nous nous
sommes appuyé pour promettre de longs jours
à ces dernières, ne peuvent être invoquées
ici, car ce n'est plus de la question de principe
qu'il s'agit; nous n'avons à envisager qu'un
détail d'organisation, un rouage *sui generis*,
dont le maintien indéfini ne se comprendrait
qu'autant qu'il conserverait son utilité. Rappelons donc à quoi il a servi, et tâchons de
discerner si l'on pourrait dorénavant se passer
de lui.

Comme instrument de propagande, le Comité international voit son importance diminuer, à mesure que les adhésions des gouvernements à la Convention se multiplient et que
le réseau des sociétés s'étend. Un moment
viendra où il n'aura plus rien à faire sous ce
rapport; mais il n'est pas encore au bout de
sa tâche, et cette tâche, s'il ne s'en chargeait
pas, personne d'autre n'en assumerait le fardeau. Nous n'avons pas appris que beaucoup
de signataires de la Convention aient fait des

démarches pour avoir des imitateurs ; nous n'avons pas ouï dire non plus, qu'une société nationale ait jamais suscité dans d'autres pays la formation de sociétés analogues. Quand l'initiative de ces progrès n'est pas émanée spontanément de la nation intéressée, c'est presque toujours du Comité de Genève qu'elle est partie. La Croix-Rouge devrait donc se résigner à ne plus faire que de très rares conquêtes, si le soin de la propager n'incombait plus à personne.

Ce travail de pionnier n'est pas le seul dont le Comité international se soit acquitté pour le compte de tous. C'est à sa diligence, on s'en souvient, qu'ont été convoquées, en 1864 et en 1868, des conférences diplomatiques, auxquelles il fournit lui-même le canevas de leurs délibérations. Cela c'est le passé, qui vraisemblablement ne se renouvellera pas dans des conditions identiques ; toutefois, quand viendra le moment de réviser la Convention, il ne serait pas impossible que le Comité eût de nouveau quelque activité à déployer, et que ses avis, s'il avait à en donner, fussent écoutés.

Enfin, il est arrivé plus d'une fois que, les relations étant rompues entre des Etats belligérants, ceux-ci, aussi bien que leurs associations charitables, ont recouru à l'entremise du Comité international, pour échanger des messages concernant la Croix-Rouge. Il serait fâcheux assurément que ce moyen de communication fût supprimé, puisque ce sont les blessés qui en recueillent tout le bénéfice.

Nous en disons autant des Agences que le Comité international installe, dès qu'une guerre est déclarée, pour faciliter les rapports entre toutes les sociétés et la transmission des secours offerts par les neutres.

Voilà, certes, de bons arguments, pour dissuader de faire table rase du régime actuel sans le remplacer par quelque chose d'équivalent ; mais le meilleur de tous est la nécessité d'un lien entre les représentants de la Croix-Rouge dans les divers pays, et d'un contrôle pour la sauvegarde des principes essentiels de l'œuvre. Nous avons la conviction que, si le Comité international n'avait pas fait bonne garde, mainte infidélité aux règles dirigeantes et nécessaires se serait produite, et que les tendances de l'esprit particulariste auraient détruit depuis longtemps l'unité et l'harmonie, qui donnent à la Croix-Rouge, telle qu'elle est, une valeur exceptionnelle.

Un organe central étant indispensable à
nos yeux, la seule question que nous ayons
encore à examiner est celle de savoir si les
soins multiples dont s'acquitte aujourd'hui le
Comité de Genève ne pourraient être remis
en de meilleures mains.

Nous laisserions volontiers cette recherche
de côté, car plus d'un lecteur se dira, peut-
être, que nous ne sommes pas qualifié pour
la poursuivre sans préventions; mais elle
s'impose ici comme le complément nécessaire de ce qui précède, et nous sommes forcé
par cela même de nous y engager. Nous tâ-
cherons du moins, puisque nous ne pouvons
faire autrement que de dire notre mot en
cette matière, de nous placer à un point de
vue purement objectif, et nous osons demander que l'on veuille bien peser la valeur de
nos arguments, plutôt que de les rejeter *a
priori* comme entachés de partialité.

Remarquons d'abord que les charges du
Comité international ne sauraient devenir
l'apanage d'aucune des sociétés nationales. Si
l'une d'elles consentait à les accepter, on devrait redouter que, le jour où elle serait appelée à un service actif, sa double qualité ne

devint gênante, soit pour elle-même, soit
pour ses commettants. Un office international, qui ne serait pas distinct des autres facteurs de la Croix-Rouge, ne présenterait pas
un caractère de neutralité assez accentué, pour
que l'accomplissement de ses devoirs en temps
de guerre ne risquât pas de lui créer une
fausse situation. Il ne pourrait pas non plus
se consacrer exclusivement aux intérêts généraux de l'œuvre, et l'on devrait s'attendre à
ce que parfois il les négligeât.

Cette alternative écartée, quelle combinai-
son vaudrait mieux que celle qui existe?
Nous n'en avons découvert aucune. Croit-on,
par exemple, que l'on trouverait, pour en
faire la métropole de la Croix-Rouge, une localité plus naturellement désignée à cet effet
que la ville où elle a pris naissance, et où la
Convention de 1864 a été conclue? Ou bien
un coin de terre mieux situé et moins exposé
aux chances de guerre que la Suisse? Gagne-
rait-on d'autre part quelque chose à attribuer
aux sociétés le droit de nommer les membres
de leur Comité international? Ce serait logique, si l'on veut, mais, indépendamment des
difficultés pratiques que rencontrerait ce sys-

tème électoral, nous ne pensons pas que, pour remplir les fonctions souvent délicates de son ressort, un comité de nouvelle formation fût, nous ne disons pas aussi capable, mais seulement plus apte ou plus zélé que celui qui, après avoir fondé la Croix-Rouge, lui est resté attaché de cœur, en possède les traditions, et n'a cessé de veiller sur elle avec une sollicitude quasi-paternelle.

Il y a donc, d'après notre manière de voir, de fortes présomptions pour que, — bien qu'on y ait songé jadis, — on ne touche pas au mécanisme dont on s'est contenté jusqu'ici, et qui, il faut le reconnaître, n'a pas présenté d'inconvénients appréciables.

Parvenu au terme de cette étude, il ne nous reste plus qu'un vœu à exprimer : c'est que la littérature de la Croix-Rouge, composée presque exclusivement de rapports administratifs, de mémoires techniques et de monographies locales, s'enrichisse d'ouvrages de fond destinés au grand public, — ces pages-ci, qui ne se recommandent que par une fidélité scrupuleuse à la vérité historique, ne devant guère avoir d'attrait pour lui.

Quoique la signification de la Croix-Rouge soit universellement connue, son passé et son organisation ne jouissent pas du même privilège. Ils sont ignorés jusque dans les cercles que l'on pourrait croire le mieux informés, et c'est à cela probablement qu'il faut attribuer l'impuissance de cette œuvre excellente à éveiller toutes les sympathies actives qu'elle réclame. L'esprit même de la Croix-Rouge a été parfois méconnu, par ceux qui en auraient dû être le plus pénétrés, et les populations, dans leur généralité, sont *a fortiori* bien loin d'avoir complété leur éducation sous ce rapport. Il faut donc que les rangs des initiés se grossissent, que les erreurs nuisibles et les préjugés régnants soient dissipés, et que la Croix-Rouge devienne véritablement populaire. Au jour du danger elle peut, il est vrai, laisser aux bienfaits qu'elle répand le soin de la faire apprécier à sa juste valeur et d'accroître le nombre de ses amis; mais, en dehors des temps de crise, ses travaux ont trop peu de retentissement pour détourner l'attention à

son profit. Ce n'est que par ses écrits qu'elle
peut alors parler à l'intelligence et au cœur de
ceux qui, faute de la bien comprendre, négligent de la soutenir. Sans nous exagérer la
portée utile de semblables publications, nous
savons, pour en avoir eu souvent la preuve,
qu'un exposé, assez développé pour présenter
la Croix-Rouge sous tous ses aspects, assez
bref aussi pour ne pas effaroucher les gens
pressés, — c'est-à-dire le grand nombre, —
assez bien écrit enfin pour ne pas lasser le
lecteur, répondrait à un désir fort général
et serait par conséquent opportun.

Plus d'une fois, animé de cette conviction,
nous avons nous-même fait appel pour cela à
des écrivains de talent, qui tous se sont récu-
sés. Nous avons cru deviner qu'ils auraient
cédé à nos instances, s'ils n'avaient pressenti
la nécessité d'une préparation laborieuse;
mais, à l'avenir, cette excuse ne sera plus va-
lable, car nous venons de leur frayer la voie,
et ils n'auront qu'à ouvrir le présent volume,
pour y trouver les indications qui leur seront
nécessaires. Leur travail consistera seulement
à les dépouiller de la forme trop didactique
sous laquelle nous les avons présentées, et à

les revêtir d'un style plus coloré et plus attrayant. Nous espérons donc que le gant que nous jetons à la presse sera relevé, et que des plumes exercées ne dédaigneront pas de répandre, dans des milieux divers, les connaissances que nous mettons à leur portée.

Au surplus, ce n'est pas un acte de condescendance que nous sollicitons de la part des hommes dont nous réclamons le concours. Nous croyons plutôt répondre à leurs souhaits les plus légitimes, en arrêtant leur pensée sur un sujet qu'ils n'ont peut-être pas médité, et qui est de nature à satisfaire leurs plus nobles aspirations.

A son aurore, la Croix-Rouge a été saluée comme «une bonne pensée, en attendant qu'elle devînt une bonne œuvre» (¹). Aujourd'hui la transition est opérée, et nous pouvons contempler un spectacle propre à faire une profonde impression sur les esprits réfléchis.

Il n'y a plus de bataille, si acharnée soit-elle, où une barrière ne soit mise à l'entraînement des combattants. Sur le lieu même où les armées en viennent aux mains et où la guerre déploie toutes ses horreurs, des places

(¹) M. Jules Duval.

privilégiées, reconnaissables au drapeau sacré
que l'on y fait flotter, servent de refuges aux
victimes de la lutte, et les abritent contre un
surcroit de souffrance ou de cruauté. Il y a
là, comme on l'a fort bien dit, une sorte de
domaine à part, un terrain neutre, celui de la
charité, enclavé pour ainsi dire dans celui de
l'inimitié et de la violence. — Et dans ces asiles,
qui trouve-t-on ? Des secoureurs revêtus de
l'uniforme militaire, sans doute, mais aussi
des volontaires civils, hommes et femmes, que
personne n'obligeait à venir ainsi au devant
de grands dangers, et que l'espoir d'apporter
quelque soulagement à leur prochain y a seul
attirés. — Mais il y a plus encore. Ce n'est pas
seulement des blessés amis que l'on y prend
soin ; les ennemis hors de combat y sont aussi
reçus à bras ouverts. — Enfin ces individus, qui
ont tout quitté pour obéir à une ardente compassion, d'où viennent-ils ? Se sont-ils recrutés
exclusivement parmi les compatriotes des infortunés qu'ils assistent, parmi ceux que des
liens étroits devaient porter naturellement à
s'intéresser à leur sort ? Non ; c'est le monde
civilisé tout entier qui a fourni son contingent à cette phalange de héros.

Voilà ce qu'il est donné à notre temps de voir et d'admirer pour la première fois. Que l'antiquité n'ait rien de pareil à nous offrir, quoi de surprenant? L'antiquité n'était pas chrétienne, et la Croix-Rouge est un fruit du christianisme. C'est la morale de l'Evangile qui, à mesure qu'elle a pénétré plus profondément les peuples, les a façonnés davantage au sacrifice. C'est elle qui, après avoir inspiré aux hommes une pitié active pour leurs semblables dans l'angoisse a fini, après bien des siècles de résistance, par obtenir d'eux qu'ils pratiquent en masse ce qui est le comble de la vertu : l'amour de leurs ennemis. La Croix-Rouge, certes, a bien mérité de l'humanité, en complétant le service sanitaire des armées, et en donnant un élan vigoureux à toutes les améliorations qui se rattachent au sort des victimes de la guerre ; elle a contribué de la sorte à adoucir beaucoup de souffrances physiques. Toutefois, le progrès matériel qu'elle a produit est peu de chose, en comparaison du progrès, autrement fécond, dont elle a été l'instrument dans le domaine moral. Elle est la manifestation la plus éclatante de cet esprit de fraternité qui semble appelé, dans les desseins de Dieu, à régénérer l'espèce humaine, et qui relève autant de la justice que de la charité. La brèche qu'elle a faite à l'égoïsme des nations est irréparable, et les conséquences de cette victoire sont infinies. Peu à peu, toutes les relations sociales, si souvent entachées d'animosité et de haine, devront se ressentir de cette infusion d'un sang nouveau dans les veines des races civilisées.

Par ces perspectives lointaines, comme par ses effets immédiats, la Croix-Rouge a donc des titres impérissables à la gratitude des malheureux. Aussi le sol qui l'a vu naître en est-il fier, et n'est-ce jamais sans une patriotique émotion que, sur les bords du Léman, on entend parler du signe tutélaire souvent appelé « la Croix de Genève ».

ANNEXES

RÉSOLUTIONS ET VŒUX

DE LA

CONFÉRENCE INTERNATIONALE

DE

GENÈVE

~~~~~~~

(CCTOBRE 1863)

~~~~~~~

La Conférence internationale, désireuse de venir en aide aux blessés, dans les cas où le service de santé militaire serait insuffisant, adopte les résolutions suivantes :

ARTICLE PREMIER. — Il existe dans chaque pays un Comité, dont le mandat consiste à concourir en temps de guerre, s'il y a lieu, par tous les moyens en son pouvoir, au service de santé des armées.

Ce Comité s'organise lui-même, de la manière qui lui paraît la plus utile et la plus convenable.

ART. 2. — Des sections, en nombre illimité, peuvent se former pour seconder ce Comité, auquel appartient la direction générale.

ART. 3. — Chaque comité doit se mettre en rapport avec le gouvernement de son pays, pour que ses offres de service soient agréées, le cas échéant.

ART. 4. — En temps de paix, les comités et les sections s'occupent des moyens de se rendre véritablement utiles en temps de guerre, spécialement en préparant des secours matériels de tout genre, et en cherchant à former et à instruire des infirmiers volontaires.

ART. 5. — En cas de guerre, les comités des nations belligérantes fournissent, dans la mesure de leurs ressources, des secours à leurs armées respectives ; en particulier, ils organisent et mettent en activité les infirmiers volontaires, et ils font disposer, d'accord avec l'autorité militaire, des locaux pour soigner les blessés.

Ils peuvent solliciter le concours des comités appartenant aux nations neutres.

ART. 6. — Sur l'appel ou avec l'agrément de l'autorité militaire, les comités envoient des infirmie volontaires sur le champ de bataille. Ils les mettent alors sous la direction des chefs militaires.

ART. 7. — Les infirmiers volontaires, employés à la suite des armées, doivent être pourvus, par leurs comités respectifs, de tout ce qui est nécessaire à leur entretien.

ART. 8. — Ils portent dans tous les pays, comme signe distinctif uniforme, un brassard blanc avec une croix rouge.

ART. 9. — Les comités et les sections des divers pays peuvent se réunir en congrès internationaux, pour se communiquer leurs expériences et se concerter sur les mesures à prendre dans l'intérêt de l'œuvre.

ART. 10. — L'échange des communications entre les comités des diverses nations se fait, provisoirement, par l'entremise du Comité de Genève.

Indépendamment des résolutions ci-dessus, la Conférence émet les vœux suivants :

A. Que les gouvernements accordent leur haute protection aux comités de secours qui se formeront, et facilitent autant que possible l'accomplissement de leur mandat.

B. Que la neutralisation des ambulances et des hôpitaux militaires soit proclamée, en temps de guerre, par les nations belligérantes, et qu'elle soit également admise, de la manière la plus complète, pour le personnel sanitaire officiel, pour les infirmiers volontaires, pour les habitants du pays qui iront secourir les blessés, et pour les blessés eux-mêmes.

C. Qu'un signe distinctif identique soit admis pour les corps sanitaires de toutes les armées, ou tout au moins pour les personnes d'une même armée attachées à ce service.

Qu'un drapeau identique soit aussi adopté, dans tous les pays, pour les ambulances et les hôpitaux.

CONVENTION DE GENÈVE

POUR

L'AMÉLIORATION DU SORT DES MILITAIRES BLESSÉS

DANS LES ARMÉES EN CAMPAGNE

(22 AOUT 1864)

ARTICLE PREMIER. — Les ambulances et les hôpitaux militaires seront reconnus neutres, et, comme tels, protégés et respectés par les belligérants, aussi longtemps qu'il s'y trouvera des malades ou des blessés.

La neutralité cesserait si ces ambulances ou ces hôpitaux étaient gardés par une force militaire.

ART. 2. — Le personnel des hôpitaux et des ambulances, comprenant l'intendance, le service de santé, d'administration, de transport des blessés, ainsi que les aumôniers, participera au bénéfice de la neutralité lorsqu'il fonctionnera, et tant qu'il restera des blessés à relever ou à secourir.

ART. 3. — Les personnes désignées dans l'article précédent pourront, même après l'occupation par l'ennemi, continuer à remplir leurs fonctions dans l'hôpital ou l'ambulance qu'elles desservent, ou se retirer pour rejoindre le corps auquel elles appartiennent.

Dans ces circonstances, lorsque ces personnes cesseront leurs fonctions, elles seront remises aux avant-postes ennemis par les soins de l'armée occupante.

ART. 4. — Le matériel des hôpitaux militaires demeurant soumis aux lois de la guerre, les personnes attachées à ces hôpitaux ne pourront, en se retirant, emporter que les objets qui seront leur propriété particulière.

Dans les mêmes circonstances, au contraire, l'ambulance conservera son matériel.

ART. 5. — Les habitants du pays qui porteront secours aux blessés seront respectés et demeureront libres.

Les généraux des puissances belligérantes auront pour mission de prévenir les habitants de l'appel fait à leur humanité, et de la neutralité qui en sera la conséquence.

Tout blessé recueilli et soigné dans une maison y servira de sauvegarde. L'habitant qui aura recueilli chez lui des blessés sera dispensé du logement des troupes, ainsi que d'une partie des contributions de guerre qui seraient imposées.

ART. 6. — Les militaires blessés ou malades seront recueillis et soignés, à quelque nation qu'ils appartiennent.

Les commandants en chef auront la faculté de remettre immédiatement aux avant-postes ennemis les militaires ennemis blessés pendant le combat, lorsque les circonstances le permettront et du consentement des deux partis.

Seront renvoyés dans leur pays ceux qui, après guérison, seront reconnus incapables de servir.

Les autres pourront être également renvoyés, à condition de ne pas reprendre les armes pendant la durée de la guerre.

Les évacuations, avec le personnel qui les dirige, seront couvertes par une neutralité absolue.

ART. 7. — Un drapeau distinctif et uniforme sera adopté pour les hôpitaux, les ambulances et les évacuations. Il devra être, en toute circonstance, accompagné du drapeau national.

Un brassard sera également admis pour le personnel neutralisé, mais la délivrance en sera laissée à l'autorité militaire.

Le drapeau et le brassard porteront croix rouge sur fond blanc.

ART. 8. — Les détails d'exécution de la présente convention seront réglés par les commandants en chef des armées belligérantes, d'après les instructions de leurs gouvernements respectifs, et conformément aux principes généraux énoncés dans cette convention.

ART. 9. — Les Hautes Puissances contractantes sont convenues de communiquer la présente convention aux gouvernements qui n'ont pu envoyer des plénipotentiaires à la Conférence internationale de Genève, en les invitant à y accéder ; le protocole est, à cet effet, laissé ouvert.

ART. 10. — La présente convention sera ratifiée, et les ratifications en seront échangées à Berne, dans l'espace de quatre mois, ou plus tôt si faire se peut.

PROJET

D'ARTICLES ADDITIONNELS A LA CONVENTION DE GENÈVE

(20 OCTOBRE 1868).

ARTICLE PREMIER. — Le personnel désigné dans l'article deux de la Convention continuera, après l'occupation par l'ennemi, à donner, dans la mesure des besoins, ses soins aux malades et aux blessés de l'ambulance ou de l'hôpital qu'il dessert.

Lorsqu'il demandera à se retirer, le commandant des troupes occupantes fixera le moment de ce départ, qu'il ne pourra toutefois différer que pour une courte durée en cas de nécessités militaires.

ART. 2. — Des dispositions devront être prises par les puissances belligérantes, pour assurer au personnel neutralisé, tombé entre les mains de l'armée ennemie, la jouissance intégrale de son traitement.

ART. 3. — Dans les conditions prévues par les articles un et quatre de la Convention, la dénomination d'*ambulance* s'applique aux hôpitaux de campagne et autres établissements temporaires, qui suivent les troupes sur les champs de bataille, pour y recevoir des malades et des blessés.

ART. 4. — Conformément à l'esprit de l'article cinq de la Convention et aux réserves mentionnées au protocole de 1864, il est expliqué que, pour la répartition des charges relatives au logement de troupes et aux contributions de guerre, il ne sera tenu compte que dans la mesure de l'équité, du zèle charitable déployé par les habitants.

ART. 5. — Par extension de l'article six de la Convention, il est stipulé que, sous la réserve des officiers dont la possession importerait au sort des armes, et dans les limites fixées par le deuxième paragraphe de cet article, les blessés tombés entre les mains de l'ennemi, lors même qu'ils ne seraient pas reconnus incapables de servir, devront être renvoyés dans leur pays après leur guérison, ou plus tôt si faire se peut, à la condition toutefois de ne pas reprendre les armes pendant la durée la guerre.

ARTICLES CONCERNANT LA MARINE

ART. 6. — Les embarcations qui, à leurs risques et périls, pendant et après le combat, recueillent ou qui, ayant recueilli des naufragés ou des blessés, les portent à bord d'un navire soit neutre, soit hospitalier, jouiront, jusqu'à l'accomplissement de leur mission, de la part de neutralité que les circonstances du combat et la situation des navires en conflit permettront de leur appliquer.

L'appréciation de ces circonstances est confiée à l'humanité de tous les combattants.

Les naufragés et les blessés ainsi recueillis et sauvés ne pourront servir pendant la durée de la guerre.

ART. 7. — Le personnel religieux, médical et hospitalier de tout bâtiment capturé, est déclaré neutre. Il emporte, en quittant le navire, les objets et les instruments de chirurgie qui sont sa propriété particulière.

ART. 8. — Le personnel désigné dans l'article précédent doit continuer à remplir ses fonctions sur le bâtiment capturé, concourir aux évacuations de blessés faites par le vainqueur, puis il doit être libre de rejoindre son pays, conformément au second paragraphe du premier article additionnel ci-dessus.

Les stipulations du deuxième article additionnel ci-dessus sont applicables au traitement de ce personnel.

ART. 9. — Les bâtiments-hôpitaux militaires restent soumis aux lois de la guerre, en ce qui concerne leur matériel ; ils deviennent la propriété du capteur, mais celui-ci ne peut les détourner de leur affectation spéciale pendant la durée de la guerre.

ART. 10. — Tout bâtiment de commerce, à quelque nation qu'il appartienne, chargé exclusivement de blessés et de malades dont il opère l'évacuation, est couvert par la neutralité ; mais le fait seul de la visite, notifié sur le journal du bord, par un croiseur ennemi, rend les blessés et les malades incapables de servir pendant la durée de la guerre. Le croiseur aura même le droit de mettre à bord un commissaire, pour accompagner le convoi et vérifier ainsi la bonne foi de l'opération.

Si le bâtiment de commerce contenait en outre un chargement, la neutralité le couvrirait encore, pourvu que ce chargement ne fût pas de nature à être confisqué par le belligérant.

Les belligérants conservent le droit d'interdire aux bâtiments neutralisés toute communication et toute direction qu'ils jugeraient nuisibles au secret de leurs opérations.

Dans les cas urgents, des conventions particulières pourront être faites entre les commandants en chef, pour neutraliser momentanément, d'une manière spéciale, les navires destinés à l'évacuation des blessés et des malades.

ART. 11. — Les marins et les militaires embarqués, blessés ou malades, à quelque nation qu'ils appartiennent, seront protégés et soignés par les capteurs.

Leur rapatriement est soumis aux prescriptions de l'article six de la Convention et de l'article cinq additionnel.

ART. 12. — Le drapeau distinctif à joindre au pavillon national, pour indiquer un navire ou une embarcation quelconque qui réclame le bénéfice de la neutralité, en vertu des principes de cette Convention, est le pavillon blanc à croix rouge.

Les belligérants exercent, à cet égard, toute vérification qu'ils jugent nécessaire.

Les bâtiments-hôpitaux militaires seront distingués par une peinture extérieure blanche, avec batterie verte.

ART. 13. — Les navires hospitaliers, équipés aux frais des sociétés de secours reconnues par les gouvernements signataires de cette convention, pourvus de commission émanée du souverain qui aura donné l'autorisation expresse de leur armement, et d'un document de l'autorité maritime compétente, stipulant qu'ils ont été soumis à son contrôle pendant leur armement et à leur départ final, et qu'ils étaient alors uniquement appropriés au but de leur mission, seront considérés comme neutres, ainsi que tout leur personnel.

Ils seront respectés et protégés par les belligérants.

Ils se feront reconnaître en hissant, avec leur pavillon national, le pavillon blanc à croix rouge. La marque distinctive de leur personnel, dans l'exercice de ses fonctions, sera un brassard aux mêmes couleurs ; leur peinture extérieure sera blanche avec batterie rouge.

Ces navires porteront secours et assistance aux blessés et aux naufragés des belligérants, sans distinction de nationalité.

Ils ne devront gêner en aucune manière les mouvements des combattants.

Pendant et après le combat, ils agiront à leurs risques et périls.

Les belligérants auront sur eux le droit de contrôle et de visite ; ils pourront refuser leur concours, leur enjoindre de s'éloigner, et les détenir si la gravité des circonstances l'exigeait.

Les blessés et les naufragés recueillis par ces navires ne pourront être réclamés par aucun des combattants, et il leur sera imposé de ne pas servir pendant la durée de la guerre.

ART. 14. — Dans les guerres maritimes, toute forte présomption que l'un des belligérants profite du bénéfice de la neutralité, dans un autre intérêt que celui des blessés et des malades, permet à l'autre belligérant, jusqu'à preuve du contraire, de suspendre la Convention à son égard.

Si cette présomption devient une certitude, la Convention peut même lui être dénoncée pour toute la durée de la guerre.

ART. 15. — Le présent acte sera dressé en un seul exemplaire original, qui sera déposé aux archives de la Confédération suisse.

Une copie authentique de cet acte sera délivrée, avec l'invitation d'y adhérer, à chacune des puissances signataires de la Convention du 22 Août 1864, ainsi qu'à celles qui y ont successivement accédé.

LISTE

PAR ORDRE CHRONOLOGIQUE

DES ÉTATS QUI ONT ADHÉRÉ

A LA

CONVENTION DE GENÈVE

DU 22 AOUT 1864

France	22 Septembre.	1864
Suisse	1 Octobre.	»
Belgique	14 »	»
Pays-Bas	29 Novembre.	»
Italie.	4 Décembre.	»
Espagne	5 »	»
Suède et Norwége	13 »	»
Danemark	15 »	»
Bade	16 »	»
Grèce	17 Janvier.	1865
Grande-Bretagne	18 Février.	»
Mecklembourg-Schwerin . . .	9 Mars.	»
Prusse	22 Juin.	»
Turquie.	5 Juillet.	»
Wurtemberg	2 Juin.	1866
Hesse (Grand-Duché)	22 »	»

Bavière . . . . 30 Juin. 1866
Autriche . . . . 21 Juillet. »
Portugal . . . . 9 Août. »
Saxe royale . . . . 25 Octobre. »
Russie . . . . 22 Mai. 1867
États-Pontificaux . . . . . 9 Mai. 1868
Roumanie . . . . 30 Novembre. 1874
Perse . . . . 5 Décembre. »
San Salvador . . . . 30 » »
Monténégro . . . . 29 Novembre. 1875
Serbie . . . . 24 Mars. 1876
Bolivie . . . . 16 Octobre. 1879
Chili . . . . 15 Novembre. »
République Argentine. . . . 25 » »
Pérou . . . . 22 Avril. 1880
États-Unis . . . . 1 Mars. 1882

LISTE

PAR ORDRE CHRONOLOGIQUE

DES PAYS OÙ SE SONT FORMÉES

DES

SOCIÉTÉS NATIONALES DE LA CROIX-ROUGE

Wurtemberg	Décembre.	1863
Oldenbourg	2 Janvier.	1864
Belgique	4 Février.	»
Prusse	6 »	»
Danemark	Mai.	»
France	25 »	»
Italie	15 Juin.	»
Mecklembourg-Schwerin	24 »	»
Espagne	6 Juillet.	»
Hambourg	18 Octobre.	»
Hesse (Grand-Duché).	Décembre.	»
Portugal	11 Février.	1865
Suède	24 Mai.	»
Norwége	Octobre.	»
États-Unis	26 Janvier.	1866
Saxe royale	7 Juin.	»
Bade	29 »	»
Suisse	17 Juillet.	»

Russie	3 Mai.	1867
Autriche	18 »	»
Pays-Bas	19 Juillet.	»
Bavière	5 Janvier.	1868
Turquie	11 Juin.	»
Grande-Bretagne	Septembre.	1869
Luxembourg	Juillet.	1870
Portugal *(reconstitution)* . .		»
Italie *(reconstitution)* . . .	31 Mai.	1873
Danemark *(reconstitution)* . .	18 Juin.	1875
Monténégro	15 Janvier.	1876
Serbie	21 »	»
Roumanie	Juillet.	»
Turquie *(reconstitution)* . .	Février.	1877
Grèce	22 Juin.	»
Pérou	Avril.	1879
République Argentine. . .	13 Juin.	1880
Hongrie	15 Avril.	1881
Suisse *(reconstitution)* . . .	Juin	1882
Etats-Unis *(reconstitution)* .	?	

LA PRESSE PÉRIODIQUE

DE LA

CROIX-ROUGE

Plusieurs recueils périodiques servent d'organes aux Sociétés de la Croix-Rouge. Ce sont :

1º Le « *Kriegerheil,* » organe des Sociétés allemandes, qui se publie mensuellement à Berlin depuis 1866 (in-4º).

2º Le « *Messager de la Société russe* » (en langue russe), qui paraît toutes les semaines à St-Pétersbourg, depuis 1870 (in-4º).

3º La « *Caridad en la guerra* », publié chaque mois par le Comité de Madrid, depuis 1870 (in-4º).

4º « *Journal de médecine militaire* » (en langue suédoise), recueil trimestriel, publié en commun, depuis 1876, par la Société de la Croix-Rouge et par la Société des médecins militaires, à Stockholm (in-8º).

5⁰ Le « *Philanthrop,* » journal mensuel, paraissant à Zurich, et servant d'organe à la Société suisse, dès 1882 (in-4⁰).

6⁰ Le « *Bulletin international des Sociétés de la Croix-Rouge,* » recueil trimestriel, publié à Genève, depuis 1869, par le Comité international, en vertu d'une décision de la Conférence de Berlin (in-8⁰).

N.B. — La France et la Belgique ont eu anciennement des recueils périodiques du même genre, dont la publication a cessé.

LE MONUMENT DE LA CROIX-ROUGE

Pendant que ce volume s'imprimait, nous avons
appris l'existence d'un projet de monument en
l'honneur de la Croix-Rouge, et nous nous félici-
tons de pouvoir le mentionner ici, d'après un article
inséré par le Comité international dans son dernier
Bulletin (n° 51).

« Rarement, » y est-il dit, « depuis que nous publions
ce *Bulletin*, nous avons fait des incursions dans le
domaine de l'art, et cependant les productions ar-
tistiques que la Croix-Rouge a inspirées sont déjà
nombreuses ([1]). Les peintres surtout se sont avidement emparés de ce nouvel élément d'intérêt pour
leurs compositions militaires. En reproduisant sur
la toile les scènes tragiques des champs de bataille,
ils oublient rarement d'y faire figurer le secoureur
volontaire de l'un ou de l'autre sexe ; parfois même
c'est sur lui qu'ils attirent principalement l'attention,
en mettant sur le premier plan l'épisode dans lequel
il intervient.

([1]) Il existe, en particulier, une médaille de la Croix-Rouge, due
au graveur de Vries, à La Haye.

« La sculpture a été moins empressée que la peinture à entrer dans cette voie, mais elle vient d'y débuter brillamment, et nous sommes heureux de pouvoir l'annoncer à nos lecteurs. Nous avons reçu dernièrement de Rome la photographie d'une maquette dont la description ne sera pas déplacée ici.

« Il s'agit d'un groupe de trois statues. C'est d'abord une victime de la guerre, un soldat blessé. Son corps est inerte, ses habits en désordre ; il mourrait bien certainement si l'infirmière, que l'on voit agenouillée auprès de lui et pansant son épaule, n'était accourue pour le rappeler à la vie. Cette bienfaitrice, dont les traits ont beaucoup de distinction, oublie le danger qui l'entoure et met toute son âme à l'accomplissement de sa mission. On sent qu'une force d'En-Haut lui communique l'énergie nécessaire pour s'acquitter sans défaillance de sa tâche d'amour. Au surplus, elle se sait garantie par le génie de l'humanité, qui plane au-dessus d'elle et que l'on reconnaît à son nom, inscrit sur sa ceinture, non moins qu'à la Croix-Rouge qui décore sa poitrine. Ce troisième personnage, debout, élancé, ne touche pas terre et domine les deux premiers. Ses bras étendus en avant, comme pour imposer à des combattants, et le regard qu'il laisse tomber sur ses protégés, disent assez que son rôle est de rappeler, à tous ceux qui seraient tentés de le méconnaître, le respect dû au malheur et à la charité.

« Ainsi se trouvent figurés tous les éléments de l'œuvre à laquelle l'artiste a voulu rendre hommage :

d'une part les maux de la guerre, auxquels elle aspire à remédier ; puis, d'autre part, les deux moyens dont elle se sert, c'est-à-dire les Sociétés de la Croix-Rouge, dont l'activité secourable est bien connue, et les nouveaux principes juridiques proclamés par la Convention de Genève.

« Ce beau travail est dû au ciseau de M. Richard Kissling, de Soleure, établi depuis douze ans à Rome, où il a su se faire un nom. Déjà connu par ses productions antérieures, cet artiste de mérite a sans doute trouvé que la Croix-Rouge était une chose assez belle, assez bonne et assez grande pour qu'on lui dédiât un glorieux mémorial. Il s'en est inspiré très heureusement, le patriotisme aidant, car il n'a pu demeurer insensible à la pensée que son pays natal avait été le berceau de cette excellente institution. Nous espérons vivement que M. Kissling pourra mener son entreprise à bonne fin, et qu'une reproduction durable du fragile modèle qu'il a exécuté en assurera la conservation.

« Mais, hélas ! la bonne volonté de l'auteur ne suffit pas pour cela. Une prosaïque question d'argent l'arrête et risque de le retenir longtemps encore, à moins qu'il ne se trouve, de par le monde, quelque généreux Mécène pour la résoudre. L'idée de recourir à une souscription internationale, émise par un journal qui, avant nous, s'est occupé de ce sujet, offrirait aussi une solution, mais encore faudrait-il que quelqu'un en prît l'initiative. M. Kissling, dans une lettre que nous avons lue, exprime le désir que le monument, exécuté en marbre de Carrare et dans de grandes dimensions, soit érigé à Genève, cette ville étant, selon lui, la seule où sa présence serait pleinement justifiée. Nous ne disons pas non ; toutefois, il est évident que ni les Genevois, ni les Suisses ne se mettront en avant, pour faire parade d'un progrès dont ils ont eu le privilège de pouvoir être les promoteurs. »

TABLE DES MATIÈRES

ANNEXES

ERRATA

Page 42, *ligne* 9, *au lieu de* avaient,　　*lisez* avait.
　» 42,　» 10,　　»　s'efforcent　» s'efforce.
　» 85,　» 20,　　»　aient,　　» ont.
　» 90,　» 13,　　»　créées,　　» créé.
　» 155,　» 25,　　»　fit,　　» firent.
　» 193,　» 4,　　»　l'écouter,　» le suivre.

　» 194, *note*,　　»　Hollard,　» { Henriette Hollard.

　» 208, *ligne* 17,　　»　tandis,　　» et.
　» 231,　» 26,　　»　la resserrer,　» le resserrer

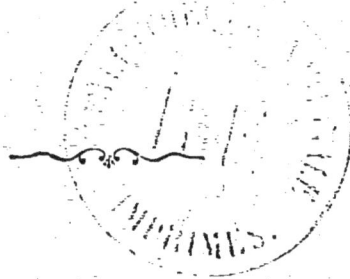

www.ingramcontent.com/pod-product-compliance
Lightning Source LLC
Chambersburg PA
CBHW070748270326
41927CB00010B/2098